Las Guerras Napoleónicas

Una guía fascinante de los conflictos que comenzaron entre el Reino Unido y Francia durante el gobierno de Napoleón Bonaparte y cómo surgieron de la Revolución francesa

© **Copyright 2020**

Todos los derechos reservados. Ninguna parte de este libro puede reproducirse de ninguna forma sin permiso por escrito del autor. Los revisores pueden citar breves pasajes en las revisiones.

Aviso Legal: ninguna parte de esta publicación puede ser reproducida o transmitida de ninguna forma o por ningún medio, mecánico o electrónico, incluyendo fotocopias o grabaciones, ni por ningún sistema de almacenamiento y recuperación de información, ni transmitida por correo electrónico sin permiso por escrito del editor.

Si bien se han realizado todos los intentos para verificar la información proporcionada en esta publicación, ni el autor ni el editor asumen ninguna responsabilidad por errores, omisiones o interpretaciones contrarias de la materia en este documento.

Este libro es sólo para fines de entretenimiento. Las opiniones expresadas son las del autor solo y no deben tomarse como instrucciones u órdenes de expertos. El lector es responsable de sus propias acciones.

El cumplimiento de todas las leyes y regulaciones aplicables, incluidas las leyes internacionales, federales, estatales y locales que rigen las licencias profesionales, las prácticas comerciales, la publicidad y todos los demás aspectos de hacer negocios en los EE. UU., Canadá, el Reino Unido o cualquier otra jurisdicción, es responsabilidad exclusiva del comprador o del lector.

Ni el autor ni el editor asumen responsabilidad u obligación alguna en nombre del comprador o lector de estos materiales. Cualquier percepción leve de cualquier individuo u organización es puramente involuntaria.

Índice

INTRODUCCIÓN 1

CAPÍTULO 1: LA REVOLUCIÓN FRANCESA Y LA FRANCIA POST REVOLUCIONARIA 3

CAPÍTULO 2: LAS GUERRAS REVOLUCIONARIAS FRANCESAS: UNA EUROPA DIVIDIDA 12

LA GUERRA DE LA PRIMERA COALICIÓN 13

LA GUERRA DE LA SEGUNDA COALICIÓN 21

CAPÍTULO 3: EL ASCENSO POLÍTICO DE NAPOLEÓN BONAPARTE 28

CAPÍTULO 4: EL ASCENSO DEL BONAPARTISMO: UNA MONARQUÍA ALTERNATIVA QUE SE PREPARA PARA LAS GUERRAS NAPOLEÓNICAS 41

CAPÍTULO 5: EL INICIO DE LAS GUERRAS NAPOLEÓNICAS 48

CAPÍTULO 6: LAS GUERRAS NAPOLEÓNICAS, PARTE 1 51

LA GUERRA DE LA TERCERA COALICIÓN 52

LA GUERRA DE LA CUARTA COALICIÓN 58

LA GUERRA DE LA QUINTA COALICIÓN 61

CAPÍTULO 7: LA GUERRAS NAPOLEÓNICAS, PARTE 2 68

LA CAMPAÑA RUSA: EL PRINCIPIO DEL FIN..69

LA GUERRA DE LA SEXTA COALICIÓN..74

LA GUERRA DE LA SÉPTIMA COALICIÓN...86

CAPÍTULO 8: LA PERSPECTIVA SOCIOPOLÍTICA BRITÁNICA DE LAS GUERRAS REVOLUCIONARIAS FRANCESAS Y LAS GUERRAS NAPOLEÓNICAS 91

CAPÍTULO 9: CAUSAS DE LA CAÍDA DE NAPOLEÓN 94

CONCLUSIÓN 98

REFERENCIAS..101

Introducción

Hoy, Francia es considerada no solo la capital cultural de Europa sino también la del mundo. Generalmente considerada como una nación pacífica, no siempre fue así, excepto en los últimos 70 años, ya que Francia siempre ha sido uno de los países más militantes en la historia de Europa continental y ha sido fuertemente considerada como la principal potencia militar de Europa desde la Edad Oscura. Aunque Francia había participado tanto en la Primera Guerra Mundial como en la Segunda Guerra Mundial, carecía del ingenio y el talento militar que ha hecho que los franceses destaquen en algunos de los conflictos más sangrientos en la historia militar europea, incluidas las Cruzadas. Según el historiador Niall Ferguson, "de las 125 principales guerras europeas libradas desde 1495, los franceses han participado en 50, más que Austria (47) e Inglaterra (43). De las 168 batallas libradas desde 387 d. C., han ganado 109, perdido 49 y empatado 10, "convirtiendo a Francia en la potencia militar más exitosa de la historia europea, en términos de la cantidad de batallas peleadas y ganadas". [1]

Desde la caída del Imperio romano, los franceses siempre han estado en medio de la guerra, ya fueran las Cruzadas, la Guerra de los Cien Años, la Guerra de los Treinta Años, la Guerra de Religión en el siglo XVI, o incluso más recientemente, la primera y segunda guerra mundial. A pesar de que el ejército francés ya no es una potencia importante como sus contrapartes estadounidenses o chinas, una parte unilateral del ejército francés que es la Legión Extranjera Francesa, se erige como una de las ramas militares más activas y sirve en todo el mundo.

Las guerras napoleónicas, que tuvieron lugar entre 1803 y 1815, fueron encabezadas por el mejor táctico y estratega militar de Francia, el general Napoleón Bonaparte. Sus tácticas y estrategias fueron tan sólidas que sirvieron de base para muchas campañas y maniobras de guerra importantes, tanto durante su vida como después de su fallecimiento. Incluso el enemigo jurado de Francia durante la mayor parte de la era medieval, los británicos, reconoció su ingenio a pesar de su derrota definitiva a manos del ejército británico al final de su vida.

En este libro, haremos un interesante viaje a través de los anales de la historia para inspeccionar las guerras napoleónicas: por qué comenzaron, un vistazo a la vida del legendario comandante Napoleón Bonaparte, el curso de los acontecimientos y algunos de los principales jugadores en el tablero y las historias del último atisbo de la grandeza militar de Francia. Si bien el ejército francés jugó un papel crucial en ambas guerras mundiales, palidece en comparación con el ejército de Francia, que fue dirigido por una de las mentes militares más brillantes de la historia, durante la última gran campaña militar del país contra su mayor rival, Bretaña. En este libro fascinante sobre las guerras napoleónicas y la Revolución francesa, examinaremos el papel de Napoleón en la guerra no solo como un genio militar, sino también como político, gobernante y reformador social y quizás descubramos algunos de los aspectos más inciertos de la leyenda de Napoleón Bonaparte.

Capítulo 1: La Revolución francesa y la Francia Post Revolucionaria

Todos los historiadores de la historia de Francia están de acuerdo en el hecho de que las campañas de Napoleón no fueron una muestra de poder y valor, lo que todavía era parcialmente cierto, sino que fueron el resultado de múltiples eventos que se acumulaban entre sí desde la sangrienta masacre conocida como la Revolución francesa. La Revolución francesa fue el punto de inflexión que puso a prueba y rompió la paciencia de toda una nación cargada por la guerra y la hambruna. El monarca y los niveles superiores de la sociedad festejaban y bebían alegremente en sus pasillos mientras los pobres morían de hambre en las calles, y los cadáveres se acumulaban todos los días como víctimas indefensas del destino. Un dicho popularmente citado de una mujer noble de alto rango, generalmente identificada como la Reina María Antonieta a pesar de la falta de evidencia concreta, que es un favorito popular entre muchos maestros de historia, es: "Si no pueden comer pan, que coman pastel". A pesar de no saber a quién se puede atribuir esta cita, todavía muestra cuán ignorantes eran los nobles y la clase alta sobre la vida y las condiciones de la población en general, que en su mayoría eran campesinos y trabajadores sobrecargados por impuestos que apoyaban el incesante estilo de vida lujoso de sus monarcas y los nobles.

La Revolución francesa ocurrió durante el régimen del Rey Luis XVI, el último de los monarcas hedonistas de Francia cuya administración fue un fracaso tan absoluto que provocó un estado de revolución dentro de la nación por poco más de diez años, cuyo inicio fue el 5 de mayo de 1789 y finalizó el 9 de noviembre de 1799. Los eventos que siguieron después no solo afectaron a Francia, sino también al destino de sus países vecinos, comenzando el período conocido en las páginas de la historia como las guerras revolucionarias francesas.

Muchos factores clave estuvieron en juego durante la Revolución francesa e impactaron el estado general de la nación que, tras ser heredada por Napoleón Bonaparte, este se vio obligado a emprender una serie de conquistas militares para garantizar la existencia y la prosperidad continua de la nación francesa. Estos factores incluían una economía mal administrada y en ruinas que no generaba nada sostenible; un sistema social corrupto que obligó a las personas a defender sus derechos, aunque de manera sangrienta; y un cambio gradual en los valores culturales de la sociedad francesa de bajo perfil, que dio lugar a la importancia de las opiniones de las masas en lugar de las opiniones de la Iglesia y los reyes.

Todos estos factores cambiaron el curso de la historia en Francia, junto con los desesperados intentos del rey Luis XVI de imponer más impuestos a sus súbditos. Lo hizo durante la convención de los Estados Generales de 1789 en la que despojó a Jacques Necker de su poder político como ministro de finanzas, debido a que Necker simpatizaba con los plebeyos, el Tercer Estado, lo que contribuyó a los disturbios iniciales. Los Estados Generales eran una asamblea general donde la monarquía, la nobleza, el clero y los plebeyos debían tomar una decisión con respecto a las políticas estatales, pero esas políticas siempre favorecían a la nobleza y al clero, nunca a las clases bajas. Además, el monarca decidió obtener la ayuda de la fuerza militar de los aliados vecinos, es decir, de los ejércitos alemán y suizo, para la convención de los Estados Generales, que solo aumentaron las tensiones entre los nobles y los plebeyos. Como de costumbre, el rey y sus nobles no hicieron nada mientras el clero retrasaba la convención, lo que provocó que los plebeyos formaran la Asamblea Nacional de corta duración. La razón principal por la que Necker fue despojado de su cargo fue porque pronunció un apasionado discurso de tres horas en nombre de los plebeyos, que pronto se convirtió en la Asamblea Nacional Constituyente después de los eventos del Día de la Toma de la Bastilla.

Aunque los Estados Generales estaban compuestos por plebeyos, el clero y la nobleza, el Primer y Segundo Estado, respectivamente, que también estaban representados, quedó claro que los dos últimos segmentos no le dieron mucho peso a la voz del Tercer Estado, que finalmente llevó a los plebeyos a dudar sobre si sus quejas, que habían durado décadas, alguna vez serían escuchadas, si se resolverían, lo que condujo a uno de los días más oscuros y violentos de la historia de Francia: el Día de la Toma de La Bastilla. La Asamblea Nacional no logró ganarse el oído de las élites y el monarca, lo que provocó la furia total de la muchedumbre. Emmanuel Joseph Sieyès, una de las figuras clave en los eventos del golpe de estado del 18 de Brumario, incitó a las personas con discursos y panfletos, lo que los llevó a las calles mientras generaba simpatía por Necker, quien para ellos era el único representante público honesto en los Estados Generales. Cuando la noticia del despido de Necker el 11 de julio de 1789 circulaba por toda Francia, comenzaron a estallar protestas y disturbios violentos.

Aunque los revolucionarios estaban ahora bajo el control de la milicia burguesa de París, tuvieron que tomar las armas para ejercer el control. Entonces, el 14 de julio, dos días después de que comenzaron los disturbios, los revolucionarios en París intentaron tomar el control de la Bastilla, una lujosa prisión que era todo menos una fortaleza que albergaba la pólvora que necesitaban para las armas que habían tomado del Hôtel des Invalides. La prisión albergaba solo a siete prisioneros, todos presos políticos que, en un momento u otro, se habían opuesto al rey Luis XVI. Lo que inicialmente comenzó como una protesta que rodeaba la prisión y exigía su rendición, se convirtió en la furia de la muchedumbre cuando le dispararon. Los representantes habían sido invitados a la Bastilla más temprano en el día, y mientras la multitud seguía esperando, comenzaron a acercarse. Alrededor de la 1:30 p. m., un grupo rompió las cadenas en el puente elevadizo, causando un ruido fuerte y repentino. Cuando los soldados pidieron a la multitud que retrocediera, la multitud, en el caos confuso, lanzó sus gritos como estímulo para entrar. Los disparos comenzaron a sonar, y esto enloqueció a la multitud, ya que pensaron que estaban acorralados como peces en un barril. Después de las 3 p. m., llegaron dos cañones para respaldar a los manifestantes y así evitar que los muros de la Bastilla ofrecieran protección viable a los defensores del fuerte, que hasta ahora habían mantenido a raya a la multitud. Bernard-René de Launay, el gobernador de la Bastilla, pidió un alto al fuego alrededor de las 5:00 p.m. Si bien sus condiciones fueron rechazadas, el accedió a abrir las puertas, y media hora más tarde, la fortaleza fue superada por la milicia burguesa de París. Tres oficiales, junto con De Launey, fueron ejecutados por la multitud en su furia, lo que provocó rumores de una revuelta en la capital. Sin embargo, los verdaderos horrores de la Revolución francesa aún estaban por comenzar.

Aunque las tropas del Real Ejército podrían haber intervenido, ya habían mostrado su apoyo a la gente en un par de eventos antes de la convención de los Estados Generales. En los días siguientes, la insurrección se extendió como un reguero de pólvora por toda la nación, y la nobleza comenzó a ser ejecutada y linchada por turbas furiosas en toda Francia. Los que tuvieron suerte pudieron huir con éxito antes de que el baño de sangre empeorara. La violencia fue lo suficientemente sangrienta como para que el arrogante monarca retrocediera por el momento y finalmente perdiera su poder y privilegios cuando el sistema social feudal que había sido la base de la sociedad francesa durante siglos, fue disuelto por la Asamblea Nacional Constituyente, la asamblea que había sido formada por la anterior Asamblea Nacional entre el 4 y el 11 de agosto de 1789. La gente finalmente estaba recuperando sus derechos y la abolición del feudalismo fue solo el comienzo. El sistema judicial anterior a la revolución también fue abolido y se comenzó a trabajar en la primera constitución de Francia. Las mujeres también se mantuvieron firmes durante la Marcha de las Mujeres en Versalles el 5 de octubre, que también dio lugar a otra ronda de disturbios cuando las mujeres de Francia demostraron que ya habían tenido suficiente. Las 7.000 mujeres en la marcha irrumpieron por las puertas del palacio, matando a los guardias en el camino, exigiendo al rey que pusiera fin a la escasez de alimentos y que hiciera el pan barato y abundante. Otra de sus demandas fue que el rey trasladara su residencia a París como muestra de buena fe para mantener el equilibrio de poder con la población común. Debido a la naturaleza violenta de su protesta, el rey obedeció a ambas demandas.

Así comenzó el primer intento de Francia de una monarquía constitucional, a pesar de la naturaleza arrogante y despótica mostrada durante cientos de años por la nobleza y la familia real. Durante estos tiempos tumultuosos, Francia fue el caldo de cultivo para una amplia gama de ideologías políticas que cambiarían para siempre el panorama político de Europa en los años venideros. El fracaso de la monarquía constitucional se debió a la constante paranoia de Luis XVI por su vida y la de su familia, así como al hecho de que estaba constantemente en desacuerdo con los proyectos de ley propuestos por la Asamblea General. El 20 de junio de 1791, dos años después del incidente de la Toma de la Bastilla, el monarca y sus familiares sobrevivientes intentaron escapar a Austria, evento que se conoce históricamente como el Vuelo Real a Varennes. Finalmente, la fuga resultó en un fracaso cuando el rey fue reconocido en Varennes, lo que llevó a su captura y regreso a París durante el cual él y la reina María Antonieta fueron suspendidos de sus derechos reales y detenidos en arresto domiciliario. El intento de fuga se realizó pocos días antes de que la constitución estuviera a punto de ser concluida, y una vez más hizo dudar a la población común sobre la intención del monarca y los nobles de mantener su parte del acuerdo.

Una pequeña agitación política siguió después de que Jacques Pierre Brissot, miembro de la Asamblea General, redactó una petición exigiendo que el monarca fuera depuesto por su indecoroso acto de cobardía. Georges Danton y Camille Desmoulins, incitaron a una multitud que fue confrontada por la Guardia Real Nacional dirigida por el marqués de Lafayette, quien, por cierto, también fue una figura crítica en el éxito de la Marcha de las Mujeres a Versalles. Lafayette fue una anomalía en todos estos eventos históricos: a pesar de ser un aristócrata de nacimiento, fue un héroe militar muy querido por el pueblo de Francia y fue un actor clave no en una, sino en dos grandes revoluciones: la Revolución francesa y la Revolución de julio de 1830. Se podría decir con seguridad que antes del ascenso de Napoleón al poder, Lafayette era el líder más carismático de Francia. Además de ser una figura instrumental en dos revoluciones de su país de origen, también fue una figura clave en la mejora de las relaciones entre Francia y los recién formados Estados Unidos de América. Sin embargo, los instigadores clave de toda esta turbulencia política en ese momento fueron los jacobinos, un grupo particular de ideólogos políticos que también se consideran generalmente responsables del período conocido como el Reino del Terror, cuando innumerables hombres y mujeres nobles, junto con un gran número de miembros del clero, fueron ejecutados sangrientamente, presentando al mundo la notoria guillotina. Ellos también fueron los que encendieron el fuego llevando los acontecimientos hasta la gota que colmó el vaso y que llevaron a las guerras revolucionarias francesas de una década de duración, durante las que Francia se enfrentó a múltiples fuerzas hostiles y las rechazó con éxito.

Esta confrontación con la Guardia Real Nacional condujo a la pérdida de vidas de civiles que protestaban por la firma de la petición. La Asamblea Legislativa se formó poco después, asegurando que los derechos de las personas se cumplieran adecuadamente por la monarquía, siendo la voz de la Asamblea la que tomaría todas las decisiones futuras sobre la nación. Tanto el monarca como la Asamblea tenían el poder de vetar la propuesta del otro, lo que pronto resultó ser la raíz del problema. El rey Luis XVI no fue un hombre que retrocediera fácilmente y vetó casi todas las propuestas presentadas por la Asamblea durante casi el próximo año. Muchos historiadores creen que su ego infantil de negarse a relegar el poder, que fue su derecho de nacimiento, fue la razón última del fracaso de la monarquía constitucional y la causa de los tristes eventos que sucedieron después.

Para agosto de 1792, casi toda Francia estaba detrás de la idea original de Jacques Pierre Brissot de derrocar a la monarquía, ya que la monarquía constitucional demostró ser ineficaz debido a que ambas partes no pudieron llegar a un acuerdo sobre ningún punto. El 10 de agosto de 1792, una multitud enojada de plebeyos atacó el Palacio de las Tullerías donde residían el rey y su familia. Luis XVI fue hecho prisionero junto con su familia, y para evitar un mayor caos, la Asamblea Legislativa absolvió temporalmente los derechos reales del monarca, suspendiendo la monarquía. Esto llevó a la invasión de Francia por el duque de Brunswick que comenzó con el asedio de Longwy el 19 de agosto. Este fue el comienzo de las guerras revolucionarias francesas que duraron hasta 1802, el año anterior al comienzo de las guerras napoleónicas.

Aunque la monarquía fue suspendida y, teóricamente, la revolución debería haber terminado, el choque de las diferentes ideologías políticas envolvió a la nación en una guerra civil por el tratamiento de la religión de la Francia recientemente democrática. La Iglesia católica, que era la organización más poderosa en Europa en ese momento, disfrutaba de muchos privilegios y ejercía sus acciones sin ningún tipo de responsabilidad. La recién constituida Asamblea Nacional Constituyente de Francia, que duró entre julio de 1789 y septiembre de 1791, se aseguró de que la gente no sufriera debido al frente religioso, por lo que desmanteló el sistema tradicional de la Iglesia católica en Francia y la convirtió en una extensión responsable del gobierno a través de la aprobación una ley llamada Constitución Civil del Clero en 1790. Dos cláusulas del proyecto de ley causaron diferencias monumentales entre la Iglesia y las personas que participaban en la Revolución. La primera fue que los clérigos debían ser elegidos en sus respectivas parroquias mediante votación, en lugar de ser nombrados por el Vaticano, y la segunda declaró que tendrían que tomar un juramento patriótico priorizando su lealtad a la nación y a su prójimo sobre la religión. Estas cláusulas esencialmente romperían el control del Vaticano sobre los asuntos nacionales, que fue una de las principales razones por las cuales la Iglesia era una fuerza con la que incluso los monarcas y los emperadores evitaban entrar en conflicto. El papa respondió en especie al declarar a todos los clérigos que aceptaron las condiciones de la Asamblea como excomulgados, lo que condujo a una mayor fractura de la nación. Como resultado, los clérigos se dividieron en dos facciones: sacerdotes juramentados y no juramentados, o refractarios. La primera facción aceptó las condiciones de la Asamblea Nacional Constituyente para llevar a cabo sus deberes religiosos, mientras que la segunda se negó a hacerlo.

Siete días después de la invasión del duque de Brunswick, los campesinos se apoderaron de la ciudad francesa de Vendee en respuesta al decreto de la Asamblea Legislativa de deportar sacerdotes refractarios a colonias penales como Guinea Francesa, ya que se los consideraba enemigos potenciales de la nación en tiempos de guerra. Esto no ayudó a las tensiones que se sentían en todo el país, ya que los rumores de prisioneros políticos en París que ayudaban al ejército prusiano invasor, se extendieron pocos días después del levantamiento de los campesinos en Vendee, lo que llevó a una masacre de aproximadamente 1.500 prisioneros en París entre el 2 y 4 de septiembre de 1792. La mayoría de estos prisioneros eran sacerdotes, y el baño de sangre que siguió no tenía precedentes: la mayoría de los pueblos y ciudades más importantes de Francia decidieron seguir con el ejemplo de París y ejecutaron los prisioneros de izquierda y derecha, ya fueran hombres de sotana o delincuentes comunes.

La Batalla de Valmy, en la que los prusianos atacaron Francia, siendo derrotados finalmente el 20 de septiembre de 1792, jugó un papel importante en el refuerzo de la confianza de los revolucionarios que estaban a punto de tomar el control total del gobierno. Fue una victoria impresionante para los franceses, que fueron dirigidos por el general Kellerman y Dumouriez y que también recibieron la ayuda del mal tiempo. La inestabilidad política del país llegó a su fin el 20 de septiembre, cuando se formó la primera Convención Nacional Democrática de Francia, que derrocó a la monarquía y otorgó permanentemente el poder del estado al pueblo a través de representantes electos. En este momento, la revolución casi había llegado a su fin, pero las brasas de la guerra que había sido encendida por la Revolución francesa estaban lejos de terminar.

Capítulo 2: Las guerras revolucionarias francesas: una Europa Dividida

Las circunstancias sociopolíticas que llevaron a la agitación de la Revolución francesa combinada con los sensibles sentimientos religiosos desencadenaron las guerras revolucionarias francesas, que duraron desde 1792 hasta 1802 y comenzaron con la invasión de Francia por Prusia. Los principales actores en esta guerra de una década fueron Rusia, Prusia, Austria y Gran Bretaña, aunque también participaron otras naciones. Las guerras revolucionarias francesas se caracterizan por dos fases: la guerra de la Primera Coalición y la guerra de la Segunda Coalición. La primera fase duró desde 1792 a 1797, y la segunda fase tuvo lugar entre 1798 y 1802.

Lo que sucedió en Francia durante y después del Día de la Toma de la Bastilla puso a toda Europa de punta, con muchos países que tenían un modelo de sociedad feudal indignado por la forma en que la gente común tomó el control de las cosas durante la Revolución francesa. Pero el año siguiente sucedieron una serie de campañas militares que terminaron en desastre, comenzando con la de Neerwinden. En este capítulo, hablaremos sobre la Primera y Segunda guerra de Coalición que tuvieron a la nación recién nacida constantemente bajo presión antes de que los esfuerzos de guerra fueran asumidos por el héroe de las guerras napoleónicas, Napoleón Bonaparte.

La Guerra de la Primera Coalición

En realidad, aunque Prusia atacó a Francia en 1792, el ataque fue el resultado de una serie de movimientos políticos vinculados con la familia real, especialmente al hermano de la reina María Antonieta, Leopoldo II de Austria. Leopoldo II, quien también fue el emperador del Sacro Imperio romano, proclamó la Declaración de Pillnitz el 27 de agosto de 1791. La declaración sirvió como una carta de advertencia para que los monarcas europeos se unieran por una causa común antes de que su hermana o cuñado fueran perjudicados de alguna manera; sin embargo, esto finalmente no pudo salvarlos y fueron ejecutados más tarde en 1793. Finalmente, después de que se emitiera la Declaración de Pillnitz, Francia exigió que Austria retirara todas sus tropas de su frontera como una maniobra defensiva. La monarquía francesa aún no había sido depuesta, por lo que Leopoldo II fue evasivo con sus respuestas. Esto llevó a la Convención Nacional, el gobierno que se formó después de que la Asamblea Legislativa se disolvió en septiembre de 1792, a votar por la declaración de la guerra contra los austriacos, incitando la invasión del duque de Brunswick, Charles William Ferdinand. A pesar de que la invasión tuvo éxito en Longwy y Verdun, el ejército prusiano se enfrentó a un empate en la batalla de Valmy y considerando el próximo invierno y los crecientes gastos de guerra, el ejército prusiano decidió retroceder. La monarquía de Francia fue abolida formalmente después de esto, lo que llevó al pueblo francés a envalentonarse por sus acciones. Mientras esto sucedía, los franceses habían invadido las naciones vecinas de Cerdeña y Alemania, eventualmente montando una invasión adecuada contra los Países Bajos austriacos, tomando el control del país a principios del año de 1793.

Pero las cosas cambiaron ese año cuando España, Holanda y Portugal se unieron a la refriega. El ex rey de Francia, Luis XVI, fue asesinado poco después de que esos países se unieran a la coalición antifrancesa, lo que llevó a Gran Bretaña a ingresar en la coalición. Francia comenzó a usar la política de reclutamiento masivo para poder luchar en más frentes contra enemigos tan poderosos, pero las primeras batallas no resultaron muy bien.

La victoria bien ganada de la campaña de los Países Bajos austriacos se revirtió una vez que la coalición antifrancesa afectada la Campaña de Flandes, y los aliados estaban decididos a aplastar a la república recién creada. Lo que hizo las cosas más complicadas para Francia durante este año, fueron las revueltas que estallaron debido a la guerra civil dentro de la propia nación. En realidad, Napoleón se distingue por primera vez en asuntos militares durante este año al suprimir la disidencia que tiene lugar en Tolón. Se ganó la reputación de táctico ingenioso después de que sus colocaciones tácticas de artillería lograron recuperar la ciudad sin mucha pérdida de vidas o recursos. Los jacobinos se habían apoderado del gobierno en este punto, suprimiendo las disidencias internas con tácticas brutales que provocaron el notorio Reino del terror a principios de septiembre, durante el cual la ex reina de Francia, María Antonieta, fue ejecutada más tarde en octubre.

En el año 1794, los militares franceses obtuvieron múltiples victorias militares durante la campaña de Flandes. El general Jacques Coquille, más conocido como Dugommier, fue reconocido por mantener a Francia a salvo de las fuerzas invasoras españolas; no solo defendió el territorio francés, sino que también montó un contraataque en el territorio español de Cataluña. Su prematura muerte durante la Batalla de Sant Llorenç de la Muga, conocida como la Batalla de la Montaña Negra en español, detuvo la incursión francesa en el territorio español por el momento. A pesar de que el ejército francés estaba entusiasmado, carecía del entrenamiento avanzado y la experiencia del ejército español.

Este fue un año muy movido para el ejército francés, ya que participaron en múltiples frentes durante la Campaña de Flandes con triunfos aparentemente pequeños al principio; sin embargo, finalmente terminaron ganando todas las batallas, incluida una con la Armada británica superior durante el conflicto conocido como el Glorioso Primero de junio. Esto generalmente se ve como una gran victoria para Francia porque nunca antes habían representado un gran desafío para la armada británica, ya que tenían la flota naval más fuerte de Europa. A pesar del éxito, este tuvo un alto costo, ya que la Armada francesa perdió una cuarta parte de sus hombres, pero aun así fue increíblemente impresionante, pues lograron derrotar a la Armada Británica. Bélgica también fue un lugar de guerra, pues los austriacos invadiendo Landrecies y abriéndose paso en el territorio francés, crearon un juego constante de tira y afloja entre los ejércitos francés y austriaco durante el resto del año. Jean-Baptiste Jourdan dirigió una fuerza auxiliar francesa en la frontera alemana, mientras que Jean-Charles Pichegru y Jean Victor Marie Moreau lideraron la principal fuerza francesa en Flandes. A mediados de año, las fuerzas francesas habían expulsado a las fuerzas aliadas combinadas formadas por los holandeses, los británicos y los austriacos, ocupando el territorio del Rin con éxito. A pesar de que las victorias de las fuerzas continentales fueron significativas, el desempeño de la Armada francesa no fue tan sólido, aunque logró múltiples victorias de corta duración, incluida la reconquista de Martinica por Jean-Baptiste Victor Hugues, así como el Glorioso Primero de junio. Sin embargo, las cuentas se volvieron en contra de la coalición antifrancesa cuando el ejército francés se dirigió hacia la conquista de la República holandesa al año siguiente.

En 1795, el ejército francés había llegado a la República holandesa, atacándola a principios de año. Este fue un gran éxito para los franceses, principalmente debido a que la población holandesa se unió a los franceses para comenzar la Revolución bataviana. La armada holandesa fue tomada sin esfuerzo, haciendo las cosas inmensamente difíciles para Prusia, que ahora estaba a la defensiva en lugar de la ofensiva después de que los holandeses prácticamente entregaron su armada al ejército francés. Los prusianos también intentaban ocupar Polonia, lo que les dificultaba seguir luchando en dos frentes. El 6 de abril de 1795, los prusianos firmaron un tratado de paz con los franceses conocido como la Paz de Basilea, que relegó las áreas al oeste del río Rin como territorio francés. La ocupación francesa de Cataluña también dio sus frutos en 1795 cuando los españoles pidieron la paz.

Los británicos sufrieron la mayor cantidad de derrotas durante este año de las guerras revolucionarias francesas. En primer lugar, fracasaron en su intento de apoyar a los rebeldes en Vendee, ya que no lograron desembarcar sus tropas en Quiberon. En segundo lugar, intentaron derrocar al gobierno rebelde de Francia a través de tácticas de espionaje, que fracasaron miserablemente. También es un buen momento para mencionar que Francia pasó por cambios constitucionales durante este período, lo que llevó a la formación del Directorio de corta duración e ineficaz después de la aprobación de la Constitución del Año III por la Convención Nacional el 22 de agosto de 1795. Fue un desastre porque, aunque al principio parecía ser un sistema democrático para el público, el sistema electoral no estaba arraigado en la democracia y era muy parcial, lo que contribuyó a la desconfianza y la ineficiencia que llevaron a su caída durante el golpe de Napoleón y el evento del golpe de estado del 18 de Brumario.

El único revés importante para los franceses durante este año fue la traición del general Jean-Charles Pichegru en la frontera del Rin, que resultó en la evacuación forzada de Mannheim, que se encuentra en la nación moderna de Alemania. Pichegru fue conquistado por los realistas, y esta traición fue parte de un plan más amplio para restablecer la monarquía al coronar al exiliado Luis XVIII. Sin embargo, los franceses tuvieron éxito en los otros frentes, y los múltiples tratados de paz firmados por las naciones que alguna vez formaron parte de la coalición antifrancesa permitieron el paso del ejército francés a casi todas partes de Europa, dando paso a algunas incursiones francesas importantes en 1796.

1796 fue un año importante en las guerras revolucionarias francesas. Por primera vez desde que comenzaron las guerras, la recién formada República francesa estaba a la ofensiva en lugar de estar a la defensiva. Napoleón, que ya había demostrado ser un maestro en el arte de la guerra, se unió a Jean-Baptiste Jourdan y Jean Victor Marie Moreau en una campaña militar de triple frontera. El joven comandante fue asignado al frente italiano, mientras que los dos últimos fueron asignados al frente del Rin. Los resultados fueron variados. Napoleón logró apoderarse de Italia en una invasión audaz, y se hizo cargo del ejército italiano mal equipado de una manera rápida antes de implementar sus tácticas para atacar la ciudad italiana de Ceva, que era un puesto avanzado enemigo sobre los Apeninos. Los veteranos comandantes Jourdan y Moreau, por otro lado, vieron algunas victorias iniciales en la campaña del Rin al invadir Viena y Baviera, respectivamente, antes de ser obligados a retirarse por el archiduque Carlos, duque de Teschen. El Archiduque Carlos fue uno de los pocos iguales que Napoleón encontró durante su vida y, como figura militar, fue muy venerado en los círculos militares europeos por derecho propio. También luchó contra los franceses en la Segunda guerra de Coaliciones, convirtiéndolo en uno de los oponentes más distinguidos de Francia durante las guerras revolucionarias francesas.

Napoleón estuvo muy ocupado durante el año de 1796. Además de dirigir su campaña italiana, también fue responsable de la victoria francesa en la Campaña Montenotte. El 10 de abril de 1796, las fuerzas austríacas de Johann Peter Beaulieu lanzaron un ataque sorpresa cerca de Génova, tomando por sorpresa al ejército francés. En lugar de ponerse a la defensiva, Napoleón decidió atacar y aplastó el ala derecha de las fuerzas austriacas dos días después, estableciéndolo como una figura importante con la que lidiar. Sus siguientes grandes victorias en esta campaña fueron la Batalla de Millesimo y la Segunda Batalla de Dego antes de terminar con la decisiva Batalla de Mondovì. Esto condujo a la rendición de las fuerzas sardas y allanó el camino para una invasión de la península italiana, gracias a las ubicaciones militares recién adquiridas de Niza y Saboya.

El siguiente destino de Napoleón fue Italia, que conquistó con relativa facilidad. Después de la Batalla de Mondovì, fue una victoria consecutiva tras otra, gracias a la brillante ejecución de Napoleón de sus ingeniosas tácticas y estrategias que desconcertaron a sus oponentes y los tomaron completamente por sorpresa. En junio, después de la Batalla de Fombio y la Batalla de Borghetto, Italia estaba prácticamente asegurada por las fuerzas francesas. En julio y agosto, el ejército austríaco intentó montar un contraataque reponiendo al ejército italiano bajo el mando de Dagobert Sigismund, el conde von Wurmser. El ejército francés rompió fácilmente sus filas en las batallas subsiguientes, arrinconó al ejército austríaco por completo y los derrotó en este frente en noviembre de ese año. Los rebeldes de Vendee también cedieron ante una fuerza francesa dirigida por Louis Lazare Hoche poco después de la derrota austríaca. Como parte de la estrategia de Napoleón para cortar el suministro del ejército austriaco, utilizó el Asedio de Mantua que comenzó a eliminar por completo a la oposición austriaca y que terminó un año después. Originalmente fue arrebatada a los austriacos antes, durante la campaña italiana, pero fue aquí donde el ejército austríaco llegó a su final.

En 1797, toda Europa estaba en guerra entre sí, dejando al ejército francés con algo de tiempo para respirar. Esta guerra total también trajo repercusiones sobre la coalición antifrancesa. La flota española, que había sido enemiga de Francia unos años antes, cambió de postura y se unió a los franceses para derrotar a los británicos. La flota británica, sin embargo, estuvo a la altura de su legado y derrotó por completo a la flota española cerca de Portugal en la Batalla del Cabo San Vicente el 14 de febrero. Esta no fue una batalla adecuada para Francia, ya que tenían problemas para competir con las fuerzas navales de algunas de las otras potencias europeas importantes incluso antes de que la Revolución francesa tuviera lugar. Entonces, en lugar de participar en el conflicto naval y envalentonados por el debilitado estado de la marina británica, los franceses enviaron una fuerza de invasión a Gales bajo la dirección de un experimentado comandante irlandés-estadounidense llamado Capitán William Tate. Esta no fue una invasión en toda regla, ya que era básicamente un pequeño ejército de 1.400 hombres, que se denominó La Legión Noire (la Legión Negra), ya que Gales se consideraba de poca importancia estratégica. Pero la feroz resistencia local, combinada con el ingenio del reconocido comandante naval John Campbell, hizo retroceder a los franceses, y Tate se vio obligado a rendirse incondicionalmente el 24 de febrero, dos días después de haber desembarcado.

Sin embargo, esta fue una pequeña pérdida en la guerra general, ya que Napoleón acumulaba victoria tras victoria en Italia, obligando al Vaticano a interceder y declarar un tratado de paz cuando los franceses derrotaron al Conde von Wurmser en la Batalla de Rivoli el 2 de febrero de 1797, después del asedio de un año de Mantua que había comenzado el año anterior. Austria ahora estaba abierta a una invasión directa, y Napoleón no perdió tiempo en marchar sobre los Alpes Julianos al centro de Austria y envió al general Barthélemy Joubert para invadir el territorio del Tirol, una parte separada del reino austríaco. El archiduque Carlos de Austria enfrentó su derrota final el 16 de marzo de 1797 en Tagliamento, terminando efectivamente la guerra de la Primera Coalición después de que se firmara la Paz de Leoben el 18 de abril de ese año. Austria cedió varios territorios a los franceses más tarde ese año en el Tratado de Campo Formio.

En 1798, después de que Napoleón demostrara que era un oponente formidable en el esfuerzo de guerra para mantener a Francia unida, dirigió su atención a Egipto para interrumpir el comercio de Gran Bretaña con sus colonias indias y debilitar la economía del país, ya que consideraba que la marina británica ya no significaría una amenaza directa debido al debilitamiento en los dos años anteriores de la guerra, una decisión que Napoleón y el ejército francés lamentaron más tarde. La culpa recayó principalmente en el Directorio francés, que ya había comenzado a ponerse celoso de la creciente fama de Napoleón y tenía miedo de mantenerlo cerca de la capital de París, pues pensaban que conduciría a un posible golpe de estado y al surgimiento de un nuevo dictador, derrocando el delicado poder y el equilibrio logrado a través de la Revolución francesa. A pesar de sus esfuerzos por desterrar a Napoleón en nombre de una campaña militar, sus predicciones y temores sobre la influencia de Napoleón y su ascenso al poder a través de un golpe de estado finalmente se cumplieron.

Al contemplar su viaje desde Tolón, Francia, Napoleón se hizo cargo de Malta mientras se dirigía a su destino final de Alejandría. Llegó allí en junio, y luego marchó a El Cairo, logrando lo que se había propuesto: conquistar Egipto a través de la gran Batalla de las Pirámides. Pero las cosas cambiaron poco después cuando el Almirante Horacio Nelson hundió casi toda la flota de Napoleón en la Batalla del Nilo, dejando varado al héroe militar de Francia en las costas de Egipto durante aproximadamente un año.

Esta no fue la única victoria naval británica sobre los franceses en 1798. En el verano, los franceses enviaron una flota de barcos y una pequeña fuerza militar para ayudar a los rebeldes irlandeses en el condado de mayo, los cuales fueron derrotados después de algunos éxitos. También hubo batallas navales de corta duración con los recién formados Estados Unidos de América, conocidas como la "Cuasi Guerra", que se resolvió mediante la Convención de 1800 antes de que se saliera de control y se convirtiera en una guerra a toda regla.

Mientras Napoleón pasó la mayor parte de 1798 en la gestión de los territorios conquistados de Egipto, el resto del ejército francés estuvo ocupado en múltiples frentes de batalla en Europa. Aprovechando la lucha civil en Suiza, el ejército francés se separó de Ginebra, formando la efímera República helvética. Para colmo, Napoleón depuso al papa Pío VI y formó lo que los franceses llamaron la República romana, que también fue de corta duración. También tuvo lugar la Guerra de los Campesinos que ocurrió durante este año, en Luxemburgo y el sur de los Países Bajos, territorios que los franceses habían adquirido en conflictos en 1794, pero que no fueron oficialmente territorios franceses hasta 1797 debido a un tratado firmado con Austria. Esta revuelta fue de corta duración, ya que la rebelión fue sofocada en un corto período de menos de dos meses.

La guerra de la Segunda Coalición

Aunque la ferocidad del ejército francés y las tácticas soberbias de Napoleón durante la guerra de la Primera Coalición despertaron el miedo en los corazones de los enemigos de Francia, el conflicto entre Francia y Gran Bretaña estaba lejos de terminar. Un lado poseía excelente infantería y caballería, mientras que el otro poseía posiblemente las mejores fuerzas navales de ese período de tiempo, equilibrando las escalas a pesar de la disparidad en los tamaños geográficos de los países en cuestión. A pesar de la derrota total de la mano del ejército francés en 1797, las victorias británicas en 1798 y el encallamiento de Napoleón, el autor intelectual de las numerosas victorias importantes del ejército francés en los últimos años de la guerra de la Primera Coalición, envalentonaron a los austriacos a formar una segunda coalición más efectiva con los británicos y los rusos, señalando otro período de guerra extendida, aunque fue más corto que la guerra de la Primera Coalición.

Mientras que algunos de los héroes más grandes en la historia militar francesa estaban ocupados haciendo girar las ruedas de la guerra para proteger a la República francesa, los asuntos internos de la nación no iban demasiado bien, lo que se hizo evidente cuando los líderes de la República francesa efectivamente desterraron a Napoleón a un continente diferente en 1798 de la misma manera que el Senado romano desterró a Julio César siglos antes. El Directorio, que fue el gobierno temporal francés entre 1795 y 1799, tuvo dificultades para tomar el control de la caótica Francia. Aunque su objetivo principal era la supresión de las fuerzas y partidarios jacobinos en el gobierno (lo que sí lograron, poniendo fin al Reino del Terror), Francia todavía estaba plagada de problemas económicos y civiles que hacían que su trabajo fuera difícil y problemático. Aunque el reinado de la monarquía había sido derribado, la corrupción y los siglos de disparidad social estaban lejos de terminar, evitando que se formara una Francia unida y fuerte.

Esto hizo las cosas más complicadas, ya que el poderío militar de la nueva coalición antifrancesa era muy superior al de la antigua coalición. Una vez que se anunció oficialmente la coalición recién formada, el Ejército de Observación francés, que era la reserva nacional del ejército francés que no había participado en la campaña de Napoleón en Egipto, entró en acción en marzo de 1799 bajo la bandera de Jean-Baptiste Jourdan. Compuesto por un total de 30.000 hombres que se dividieron en cuatro divisiones, el ejército cambió su nombre al Ejército del Danubio, abandonando su antiguo nombre después de cruzar el Rin. Su objetivo final estaba cerca del río Lech, que era donde el archiduque Carlos había guarnecido a todo su ejército. Los espías y emisarios del Ejército del Danubio informaron a Jourdan sobre la ubicación de la fuerza austriaca, y decidió seguir adelante, confiando en el poderío militar de Francia, lo que finalmente provocó un desastre. En su primera escaramuza con el archiduque de Austria, el ejército del Danubio sufrió graves pérdidas, al verse obligado a retirarse primero a Messkirch y luego a Stockach y Engen. La segunda derrota de Francia en la Batalla de Stockach obligó a Jourdan a partir hacia París para solicitar más tropas y suministros, dejando el mando a Jean Augustin Ernouf, su Jefe de Estado Mayor. Finalmente, Jourdan se retiró de su mando bajo una licencia médica, lo que obligó al ejército francés recientemente derrotado a reorganizarse.

Mientras todo esto ocurría en el teatro europeo de la guerra, Napoleón estaba forjando su propio camino hacia la gloria a través del teatro africano, donde quedó varado debido a que la armada británica le impedía irse creando un bloqueo. Sin forma de regresar a casa, Napoleón comenzó una serie de conquistas comenzando con Siria, ya que las fuerzas británicas se habían aliado con ellos, probablemente con la esperanza de atraer a Napoleón en una batalla terrestre. Las primeras victorias de las campañas sirias de Napoleón se produjeron en las conquistas de Jaffa y El Arish, pero en el asedio de Acre en marzo de 1799, Napoleón finalmente se encontró con su rival. A pesar de meses de guerra de asedio y asaltos repetidos, todos los esfuerzos de Napoleón resultaron ser nulos, ya que sus fuerzas fueron diezmadas lentamente por las fuerzas combinadas sirias y británicas, comandadas por Jezzar Pasha y Sir Sydney Smith. En dos meses, los mismos problemas que estaban obstaculizando el progreso del Ejército del Danubio comenzaron a afectar también la campaña de Napoleón. Los turcos se aprovecharon del debilitado estado de las fuerzas de Napoleón y encabezaron un asalto a Egipto, con la ayuda del bloqueo naval británico, desde Rodas. Sin embargo, Egipto era ahora el territorio de Napoleón y ya no era extranjero en el paisaje desértico. Obtuvo una victoria decisiva sobre los turcos en la Batalla de Abukir en julio, a pesar de que su ejército no tenía suficiente personal y se vio afectado por una plaga generalizada que había estallado. Fue durante este tiempo que las noticias de la lucha militar y política en el país llegaron a oídos de Napoleón, lo que lo llevó a regresar a casa. Dejando atrás a su ejército, Napoleón logró romper el bloqueo británico, decidido a tomar el asunto en sus propias manos y organizar un golpe una vez que llegara a París, lo que hizo el 9 de noviembre.

Cuando Napoleón decidió regresar a casa, también decidió dejar el mando del resto de sus fuerzas en Egipto bajo el mando del general Jean-Baptiste Kléber, que lo había acompañado en la campaña. Mientras tanto, en Europa, el ejército francés intentaba desesperadamente mantener la unidad. El resto del Ejército del Danubio después de la primera incursión contra el Archiduque de Austria se fusionó con el recién formado Ejército de Helvetia, bajo el mando de André Masséna, uno de los discípulos más dedicados de Napoleón que luego se convirtió en Mariscal del Imperio. Después de ser reestructurado, el ejército, formado por 40.000 hombres, participó en una serie de pequeñas batallas en la región de la meseta suiza, siendo la Batalla de Winterthur el 27 de mayo de 1799 la principal de ellas. Esto fue seguido por la Primera Batalla de Zúrich unos días después, señalando la primera pérdida en la nueva campaña. Aunque el ejército combinado austríaco y ruso lo obligó a regresar a Limmat al principio, el ejército francés se impuso una vez que el archiduque Carlos recibió la orden de moverse al norte a través del río Rin, dejando detrás una fuerza de 25.000 soldados rusos y otros 15.000 de los suyos, bajo el hábil veterano general Friedrich Freiherr von Hotze. Aunque Hotze fue capaz, el ejército francés tuvo una victoria fácil gracias a las pobres formaciones defensivas rusas bajo el mando del inexperto Alexander Korsakov. El ejército francés ocupó con éxito el norte de Suiza, y el ejército austríaco recibió un duro golpe con la muerte de Hotze durante la Segunda Batalla de Zúrich.

En 1800, Napoleón se unió al Ejército de la Reserva. La primera acción militar que tuvo lugar en 1800 fue por el derrotado ejército austríaco que regresó con un ataque doble, junto con los británicos, contra las fuerzas de Masséna. La armada británica mantuvo un fuerte bloqueo naval, negando suministros y apoyo naval a las fuerzas de Masséna, mientras que el general Michael von Melas del ejército austríaco asedió a las fuerzas de Masséna por tierra en Génova con una fuerza abrumadora de 100.000 hombres, la cual era muy superior a las fuerzas de Masséna en términos de números. Esto resultó ser uno de los asedios militares más agotadores de la historia y uno de los mayores éxitos militares de Napoleón en 1800, aunque a riesgo de perder toda la fuerza de Masséna.

Mientras Masséna recibió la orden de detener el asedio hasta el 4 de junio, Napoleón ordenó al Ejército de la Reserva que flanqueara al ejército austríaco desde la retaguardia y brindara apoyo a Masséna cruzando los Alpes con considerable poder de artillería y 40.000 tropas adicionales que él mismo dirigió. Aunque el ejército cruzó los Alpes, dos incidentes importantes retrasaron su progreso. Por un lado, se impidió que una buena parte del equipo de artillería, que tuvo que ser transportado minuciosamente sobre las montañas, llegara a su destino durante algunas semanas debido a un fuerte austríaco en el lado italiano de los Alpes. En segundo lugar, un obstinado regimiento de 400 soldados austriacos y piamonteses iba pisando los talones contra el avance del ejército. Se resistieron contra el enorme ejército francés de 40.000 hombres, manteniéndolos fuera durante 2 semanas, lo que resultó en el retraso de dos semanas de las fuerzas francesas que cruzaban los Alpes. Napoleón apenas tuvo tiempo de sobra para apresurarse en ayuda de Masséna, pues era ya principios de junio.

Sin embargo, en lugar de hacer lo que había planeado, Napoleón avanzó para hacerse cargo de Milán, con la esperanza de cortar el centro de comunicación de Melas para debilitar y retirar su asedio a Génova. De los pocos errores militares que Napoleón había cometido en su vida, este fue uno de ellos. El general Melas no solo continúo su asedio de Génova, obligando a Masséna a ceder en sus términos, sino que Melas también se había preparado para el avance de Napoleón. Una vez que Napoleón se dio cuenta de la locura táctica de apoderarse de Milán en lugar de atacar el flanco del general Melas, se apresuró a Alessandria, donde supuestamente las fuerzas de Melas estaban estacionadas sin hacer nada. Una vez más, suponiendo que su enemigo estaba huyendo, Napoleón dispersó sus fuerzas para cortar la ruta de escape de Melas. En este punto, los austriacos comenzaron a atacar al desmenuzado ejército francés de una manera organizada, lo que resultó en la Batalla de Marengo el 14 de junio. Las fuerzas de Napoleón estaban al borde de la derrota, pero fueron salvadas en el último momento por un contraataque liderado por un destacamento adicional de tropas francesas bajo el mando de Louis Desaix, un veterano de la guerra de la Primera Coalición que era un héroe de guerra reconocido de orígenes humildes. Aunque la batalla se ganó, se cobró la vida de Desaix. Esta inesperada y sorprendente victoria hizo que el general Melas iniciara negociaciones en las que los austriacos cesaron sus actividades militares en Italia. Tras dejar la consolidación de los esfuerzos de posguerra y una campaña renovada hacia Austria para el futuro Mariscal del Imperio Guillaume Brune, Napoleón partió hacia París para afirmar su influencia política.

Todos los conflictos durante el resto del año se llevaron a cabo principalmente en los territorios alemanes donde los austriacos habían logrado alianzas políticas significativas, reforzando sus números a pesar de la derrota de Melas. Bajo la bandera de Feldzeugmeister (un término arcaico para general y equivalente a la posición de general en el ejército húngaro en los siglos XVII y XVIII) Pál Kray, se formó un enorme ejército con las fuerzas combinadas del Electorado de Baviera, el Ducado de Württemberg, el condado de Tyrol y el arzobispado de Mainz, con un total de 150.000 hombres. A pesar de la gran cantidad hombres reunidos, Kray mostró malas opciones tácticas para establecer su base de operaciones y extender la formación de su ejército a través del Rin.

Su oponente en estas escaramuzas alemanas era Moreau, quien contaba con una fuerza mal equipada y más pequeña (130.000 hombres), aunque era un veterano con una experiencia de combate de aproximadamente una década. Napoleón extendió una mano amiga desde París al enviarle un excelente plan para lanzar un ataque desde el frente suizo, pero Moreau decidió tomar la gloria usando su propio talento. Aplicando un conjunto de maniobras complicadas, Moreau luchó contra Kray tanto en Engen como en Stockach el 3 de mayo, lo que resultó en un punto muerto con grandes pérdidas en ambos lados. Los franceses lograron aprovechar el débil posicionamiento de la base de operaciones de Kray, capturándola bajo el mando del general Claude Lecourbe. Esta maniobra obligó a Kray a retirarse y regresar a Messkirch, y desde allí, el ejército francés finalmente lo obligó a regresar a Múnich después de la Batalla de Höchstädt y Ulm en los meses de septiembre y octubre, respectivamente. Los austriacos aguantaron unos meses más, pero finalmente se rindieron y firmaron el Tratado de Lunéville el 9 de febrero de 1801, terminando efectivamente la guerra para todas las partes, excepto Gran Bretaña y Francia, que continuaron sus escaramuzas navales. El almirante Nelson fue particularmente feroz en sus ataques durante este período, atacando indiscriminadamente los barcos franceses y los aliados de Francia. Las escaramuzas navales más notables de 1801 incluyeron la Primera Batalla de Algeciras (una victoria francesa) y la Segunda Batalla de Algeciras (una victoria británica). Los británicos también tuvieron éxito en lo que respecta a la campaña terrestre de Egipto. Junto con las fuerzas otomanas, derrotaron a los franceses en la batalla de Alejandría el 21 de marzo de 1.801. Kléberhad ya había sido asesinado en este punto, siendo apuñalado en junio de 1800, y el comando había pasado al general Jacques-François de Menou. Sin embargo, a pesar de que Menou cedió a los términos británicos, las hostilidades entre el Imperio francés y el Imperio otomano no cesaron oficialmente hasta el Tratado de París en 1802.

En 1802, el Tratado de Amiens también se firmó entre Francia y Gran Bretaña, señalando el final de la guerra, pero en realidad todo lo que hizo fue actuar como un período de paz provisional hasta el comienzo de las guerras napoleónicas.

Capítulo 3: El ascenso Político de Napoleón Bonaparte

Como se indicó al final del último capítulo, el tratado de paz de 1802 fue de corta duración, señalando otra era de conflicto entre los franceses y los británicos sobre el dominio de Europa. Las guerras revolucionarias francesas habían agotado los recursos militares y civiles de casi todos los principales países de Europa, y los únicos jugadores que quedaban en el tablero capaces de luchar eran los franceses y los británicos. Pero para comprender las guerras napoleónicas, uno debe tartar de comprender al propio Napoleón Bonaparte, lo que ayudará a explicar muchas de sus acciones y decisiones a lo largo de su vida.

Al igual que muchos de los héroes de la era posterior a la Revolución francesa, Napoleón se abrió paso desde sus orígenes humildes hasta el pináculo del poder, y finalmente se convirtió en el Emperador de Francia. Siendo el segundo hijo o tercero, si cuenta la muerte infantil de su hermano, de un noble menor en la lejana isla de Córcega, ubicada lejos de la parte continental de Francia, Napoleón fue preparado para una carrera militar desde su infancia, como era la costumbre en ese momento entre familias nobles. Nació de Carlo María di Buonaparte y María Letizia Ramolino en 1769, y su nombre original era Napoleone di Buonaparte. Cambió su nombre a Napoleón Bonaparte cuando se casó a la edad de 27 años en 1796.

Como muchas otras figuras obstinadas a lo largo de la historia, Napoleón atribuyó gran parte de su éxito en su vida posterior a su madre, quien crio al niño con el mejor cuidado y disciplina. La familia corsa típica no tenía acceso a mucha educación y puestos influyentes en ese momento, ya que Francia había comprado los derechos de Génova el mismo año en que nació Napoleón, aunque no fue oficialmente una provincia francesa hasta 1770, pero tuvo la suerte de tener acceso a una mejor educación gracias al linaje de su familia. En 1779, fue enviado a inscribirse en una escuela militar en Brienne-le-Château. Allí, aprendió francés junto con otras materias; era particularmente bueno en matemáticas. A pesar de aprender francés desde temprana edad, Napoleón siempre tuvo acento corso y nunca aprendió a deletrear correctamente. Fue constantemente acosado en la escuela, lo que lo convirtió en un niño retraído que solo se centró en sus estudios. Después de terminar sus cursos en 1784, fue uno de los pocos brillantes admitidos en la École Militaire en París, donde se entrenó para convertirse en un oficial de artillería.

Muchos pensarían que unirse al ejército fue el punto de partida en la carrera política de Napoleón, pero su razonamiento político y sus motivaciones datan de mucho tiempo atrás. Durante los últimos años de la libertad corsa antes de convertirse en una provincia de Francia, su familia fue marcada como políticamente intocable y antipatriótica por Pasquale Paoli, uno de los principales políticos antifranceses de Córcega, lo que llevó a Napoleón y su familia a emigrar a Francia como refugiados, que es donde había comenzado su mencionada escolaridad. A pesar de haber sido exiliado de su tierra natal, siguió siendo un nacionalista corso duro durante toda su juventud, soñando con una Córcega unificada libre del dominio francés. Además de hacer sus estudios regulares, Napoleón también estudió corso e italiano, ambos idiomas principales de la isla. Su trato por parte de sus compañeros en Brienne-le-Châteaualso se sumó a su resentimiento hacia los franceses, ya que fue acosado constantemente debido a su acento, su baja estatura y su linaje corso. Lo mismo sucedió, aunque en menor grado, en la École Militaire.

Entonces, cuando estalló la Revolución francesa en 1789, la vio como una oportunidad de oro para una Córcega liberada con él al frente de la carga revolucionaria de un movimiento nacionalista corso, a pesar del amargo exilio que su familia tuvo que enfrentar a manos de Pasquale Paoli.

Napoleón ya había terminado sus estudios en este momento, y estuvo destinado en Córcega durante dos años, desde 1789 a 1791, donde intentó crear una buena relación con sus compatriotas por nacimiento. Pero lo que sucedió después fue una experiencia amarga para Napoleón y una que moldeó sus ideologías militares y políticas en los años venideros. Para su total sorpresa, los nacionalistas corsos se negaron a aceptar las ideas revolucionarias de igualdad y libertad que despertaron al resto de la nación francesa. Quizás la difamación de su familia todavía estaba en la mente de los líderes nacionalistas corsos, quienes probablemente consideraban a Napoleón como un intruso francés que podría haber saboteado su movimiento. Esto frustró tanto al futuro emperador de Francia que abandonó sus ideales juveniles y se dedicó finalmente al papel de obtener gloria militar en Francia, abandonando sus raíces y lazos corsos y regresando a Francia en 1791. El amargo cinismo lo carcomió, y una vez escribió: "Entre tantas ideas en conflicto y tantas perspectivas diferentes, el hombre honesto está confundido y angustiado y el escéptico se vuelve malvado. Dado que uno debe tomar partido, también podría elegir el lado que es victorioso, el lado que devasta, saquea y quema. Teniendo en cuenta la alternativa, es mejor comer que ser comido". Esto lo escribió en referencia del estado de la política después de su regreso a Francia en 1793. Sin embargo, esto sirvió como su entrenamiento inicial para sus juicios en el futuro, que eran tanto políticos como de naturaleza militar.

Como un extraño que tuvo que buscar refugio en Francia para sobrevivir, el atractivo de la Revolución francesa fue diferente para el joven Napoleón Bonaparte que para sus compatriotas, por ejemplo, para Jourdan, que era un firme patriota francés. La violencia y los disturbios en las calles realmente enojaron a

Napoleón. De hecho, en una carta a su hermano Joseph, mencionó su opinión sobre la "gente común" y escribió dos oraciones que demuestran sus creencias políticas: "Cuando se llega al final, apenas vale la pena el gran esfuerzo que uno hace para congraciarse con la multitud. Si Luis XVI hubiera subido a un caballo, la victoria habría sido suya".

Entonces, ¿qué atrajo a un extraño ingenioso y hecho a sí mismo como Napoleón a la Revolución? En resumen, fue el reconocimiento de logros, tanto grandes como pequeños. Napoleón era corso, considerado un extraño para los franceses continentales, al igual que los argelinos que también eran franceses por identidad. La Revolución rechazó esta noción y colocó a todos los franceses en un pedestal igual, ya fuera a un noble o a un mendigo. Esa persona podría ser un intelectual o un oficial militar; no importaba mientras girara en torno a la libertad.

Más tarde, Napoleón se convirtió en jacobino, el mismo grupo que empujaba a Francia hacia un régimen violento y militarista bajo la influencia de Maximilien Robespierre, a quien Napoleón fue presentado por Agustín Robespierre, el hermano menor de Maximilien, después del asedio de Toulon en julio de 1793. Los jacobinos eran extremistas de izquierda que crecieron en el poder durante los primeros años de la Revolución francesa, especialmente después de que Luis XVI fue depuesto de su sede en el poder en agosto de 1792. El Reino del Terror, que es históricamente notorio, no fue un acto de agresión hacia la vieja sociedad elitista, como han afirmado algunos historiadores, a pesar de las decenas de miles de muertes ocurridas. Más bien fue el resultado de los intentos de sofocar las conspiraciones contrarrevolucionarias encabezadas principalmente por Compte d'Artois o el Conde de Artois en español y asistidas por el ex rey y la reina antes de ser depuestos. El régimen jacobino de la Revolución francesa también comenzó a girar las ruedas de la guerra que continuarían girando hasta el final de las guerras napoleónicas debido al simple hecho de que los jacobinos declararon que sus principios revolucionarios se establecerían dondequiera que estuviera presente el Ejército francés, declarando efectivamente una guerra contra Europa.

La Revolución francesa y las guerras que siguieron fueron altamente dependientes de los valientes soldados de Francia para garantizar la existencia continua de la República contra el poder militar combinado de sus vecinos. Ser un extraño ya no representaba un problema para ascender en las filas, especialmente para los oficiales militares como Napoleón, que tenía el cerebro y la habilidad política para ver las cosas. Cabe señalar que Napoleón era un hombre muy pragmático y práctico, el tipo de hombre que algunos llamarían oportunista, pero eso es exactamente lo que le permitió alcanzar el pináculo más alto del poder en Francia y cambiar el curso de la historia europea para siempre. Siempre se cuidó a sí mismo, y durante su temprana carrera militar, antes de tener victorias militares exitosas en su haber, siempre trató de ganarse el favor de sus superiores.

El primer gran llamado a la acción de Napoleón fue durante el asedio de Toulon en 1793. Los británicos habían ocupado la pequeña y pacífica ciudad mediterránea, y Napoleón fue puesto a cargo de la artillería francesa respaldada por el aristócrata local Antoine Christophe Saliceti, así como por Agustín Robespierre. Esta fue la primera batalla en la que Napoleón demostró su preferencia de por vida por la táctica de señalar el punto más débil de su enemigo y atacarlo para derrotarlo. Aunque Napoleón no estaba a cargo del asedio general, su configuración estratégica de las baterías de artillería que apoyaban a las tropas al hacer llover los bombardeos sobre Fort de l'Éguillette (la Aguja) resultó ser el factor ganador del asedio, lo que obligó a los británicos a evacuar la ciudad portuaria a las pocas horas del asedio francés sobre Toulon. Napoleón fue ascendido a general de brigada poco después de que sus logros llegaron a París a través de la carta de Agustín Robespierre a su hermano mayor.

La amistad de Napoleón con los líderes jacobinos en realidad podría haber acortado su carrera, pero afortunadamente, fue absuelto de cualquier fechoría. En 1794, un grupo conocido como los termidorianos había tenido suficiente de las políticas extremistas que estaban siendo implementadas y utilizadas por la facción jacobina liderada por Robespierre. Los ejecutaron a ambos junto con algunos de sus seguidores, y pusieron en la lista negra a todos sus conocidos y seguidores. Aunque los jacobinos habían liderado la carga de la Revolución y llamaron la atención de las masas para dirigir su ira al sacrificar a las élites de la antigua Francia monárquica para mantener sus posiciones después de apagar las llamas de la antigua monarquía, hicieron poco o nada para mejorar las condiciones económicas y civiles internas del país, que había estado en muy mal estado para comenzar sin contar las costosas campañas de guerra que se habían agregado. Cuando la población común se dio cuenta de esto, los jacobinos perdieron su principal herramienta de poder y fueron rápidamente derrotados. Los termidorianos eran principalmente ciudadanos franceses de clase media que ahora eran los nuevos aristócratas de Francia, acumulando su riqueza y conexiones durante la Revolución. Dado que la ira de los pobres ahora comenzaba a desviarse lentamente hacia ellos, ya que efectivamente eran la nueva nobleza en Francia, rápidamente tomaron medidas contra los jacobinos, quienes, afortunadamente para los termidorianos, ya habían comenzado a perder el apoyo de la gente. Después de que los jacobinos fueron depuestos, los termidorianos se hicieron cargo de la mayoría en la Convención Nacional

Napoleón se encontró bajo arresto domiciliario por sus conocidas conexiones con los Robespierre, y podría haber sufrido un destino similar bajo la guillotina si no hubiera sido por su genio militar y su carta de defensa formal a través de la cual se aisló con tacto de los círculos jacobinos. La necesidad de los nuevos reaccionarios termidorianos también tuvo un papel en la liberación de Napoleón, ya que muchos de los antiguos realistas vieron esto como una oportunidad para volver a poner en orden la monarquía. Los disturbios civiles estallaron en todo el país, centrándose en el tema de la economía empobrecida, y en octubre de 1795, el nuevo

Directorio fue asediado por realistas contrarrevolucionarios decididos a poner fin al régimen revolucionario. El general Paul Barras fue llamado a sofocar la rebelión, y Napoleón Bonaparte, quien ahora era un subordinado de Barras, lideró la carga. Atacar a civiles inocentes no fue una hazaña, pero Napoleón lo logró ordenando disparos de cañón a la multitud que se acercaba, calificándolo de "olor a uva". Una vez que el humo se disipó, más de 200 yacían muertos en las calles según el recuento oficial. Este fue el comienzo no oficial del bonapartismo, que Napoleón mantuvo durante su gobierno. La base de este sistema de gobierno era un ejército fuerte y con autoridad que mantuviera el control del estado en lugar de los civiles al colocar las necesidades del estado (es decir, el ejército) sobre la población común. Esta idea de gobernar permitió que las guerras napoleónicas se emprendieran efectivamente una vez que Napoleón tomara el poder. Después de este incidente, se creó una nueva constitución que eliminó la Convención Nacional y creó una nueva, conocida como el Directorio. Este fue un comité de cinco miembros que gobernó Francia entre el 2 de noviembre de 1795 y el 9 de noviembre de 1799, cuando fue derrocado por Napoleón.

La nueva Francia liderada por los termidorianos era tan mala, o peor, que la sociedad elitista que precedió a la Revolución francesa. Si bien el Reino del Terror había asustado a muchos de los ricos para que ocultaran sus fortunas, comenzaron a mostrar su riqueza nuevamente después de que los jacobinos fueron depuestos. Pero para hacer esto, necesitaban que la atención del público se desviara a otra cosa o, en este caso, a otra persona. La supresión de Napoleón de la revuelta de octubre lo convirtió en una celebridad en los círculos parisinos, y por primera vez en su carrera, comenzó a acumular poder político tanto como el reconocimiento militar. Los termidorianos sellaron su destino una vez que Barras ascendió a Napoleón al puesto de Jefe de Policía; la cual era la posición más poderosa en el Directorio, convirtiéndolo efectivamente en la persona más poderosa en Francia en lo que respecta a los asuntos internos del país. Napoleón había logrado todo esto a la edad de 26 años. Amenazado por su crecimiento de cero a héroe, algunos miembros del Directorio conspiraron para enviarlo fuera del país con el pretexto de las campañas italianas y egipcias de la guerra de la Segunda Coalición, que finalmente resultó ser ineficaz a largo plazo.

Pero antes de que su campaña en Egipto tuviera lugar, el héroe recién acuñado tenía mucho que demostrar en los teatros de guerra en su frente de origen. Como se mencionó anteriormente, la guerra de la Segunda Coalición ya estaba en su apogeo en este momento, y el ejército austríaco había ocupado Italia para lanzar su ataque contra Francia. Lazare Carnot, el hombre que introdujo la idea de levée en masse (reclutamiento universal) ayudó mucho a Napoleón durante este tiempo al alentar a las masas reclutadas pobres y mal alimentadas como un medio para tener comida en sus estómagos y ropa en sus espaldas. Esto permitió que el ejército francés mal equipado liderado por Napoleón obtuviera la victoria sobre el ejército austríaco superiormente equipado una y otra vez en múltiples escaramuzas, derrotando a los Habsburgo y ganando el control de los Países Bajos austriacos en el proceso.

Fue durante este tiempo que Napoleón consolidó el poder militar absoluto y ganó la incuestionable lealtad de sus hombres. Antes de partir para la campaña italiana, pronunció un discurso conmovedor ante las tropas francesas al dirigirse a ellos así: "Soldados, están mal alimentados y casi desnudos [...] Los llevaré a las llanuras más fértiles del mundo, donde encontrarán grandes ciudades y tierras ricas. Reunirán honor, gloria y riquezas". Se mantuvo fiel a su palabra, pero a expensas de los territorios italianos recién conquistados y la traición de los mismos italianos que acogieron al ejército francés con los brazos abiertos cuando expulsaron a los austriacos. El ejército francés saqueó a los campesinos italianos, ya que, por primera vez desde su reclutamiento, en realidad se les pagaba y recompensaba por arriesgar sus vidas por el bien de su patria.

A diferencia de muchas figuras militares de su tiempo cuyo único enfoque era la gloria, su tiempo en bailes y reuniones parisinas habían convertido a Napoleón en un político perspicaz y astuto. Durante la campaña italiana, estableció dos periódicos llamados Courrier de l'Armée d'Italie y La France vue de l'Armée d'Italie para que sirvieran como máquinas de propaganda, uno circulaba para las tropas de su ejército y el otro era circulado en Francia. Cada una de sus victorias fue declarada en voz alta a través de estos periódicos, aumentando su popularidad y disminuyendo la del Directorio. Entonces, a pesar de estar lejos de casa, Napoleón pudo acumular popularidad y poder político. Había otra buena razón para que el Directorio también tuviera miedo de Napoleón; sin el permiso expreso del Directorio, Napoleón había entablado negociaciones con el papa y con el rey de Nápoles.

Cansado de su bravuconería y su creciente popularidad, el Directorio lo envió a calmar a los británicos, que habían demostrado ser el enemigo más fuerte de la República, después de que el famoso general regresara de Italia. Napoleón avanzó de un lado a otro con sus planes, pero el único factor que arruinó sus estrategias fue la increíblemente fuerte armada británica.

Entonces, en cambio, Napoleón intentó la estrategia de iniciar la disidencia interna en los territorios británicos prometiendo apoyo a los irlandeses que luchaban por liberarse del dominio británico en lugar de confrontar directamente con la armada británica. Sin embargo, la insurrección fracasó debido a los esfuerzos de la Royal Navy o Marina Real. Debido al fracaso de esta estrategia, Napoleón enfocó su ataque contra los británicos llevando a cabo una campaña militar en otro continente para interrumpir los intereses comerciales británicos. Si Napoleón podía conseguir controlar el Mediterráneo Oriental a través de Egipto, sería un duro golpe para los recursos británicos que dependían de la India como socio comercial. El segmento anti-Napoleón del Directorio apoyó sinceramente esta estrategia como un medio para mantener a Napoleón alejado de la imagen política y la atención pública, a pesar de que sabían muy bien que las guerras en el teatro europeo estaban lejos de terminar y que no podrían apoyar la campaña exterior de Napoleón durante un extenso período de tiempo

Cabe señalar que Napoleón no pudo evitar compararse con Alejandro Magno cuando planeó capturar Egipto para interrumpir el poder naval de Gran Bretaña, ya que el legendario general también había hecho lo mismo, cruzando un continente entero para dominar a otro. Este ego inflado alentó a Napoleón a llevar intelectuales como arqueólogos y eruditos con él, otra cosa que Alejandro había hecho en sus campañas para aprender del nuevo mundo que estaba a punto de conquistar. A pesar de ser una decisión nacida del extravagante ego de Napoleón, que había comenzado a mostrarse desde su ascenso al poder militar después del Asedio de Toulon, esta decisión resultó útil, ya que su equipo realmente hizo muchos descubrimientos modernos a lo largo de su viaje a Egipto, incluido el descubrimiento de la Piedra Rosetta, la clave para descifrar los jeroglíficos egipcios.

La primera victoria egipcia de Napoleón fue en Alejandría, una de las principales ciudades portuarias de Egipto, lo que no resultó ser un gran problema, ya que fue muy fácil para el ejército de Napoleón abrirse paso a través de la armada egipcia y las defensas de la ciudad. Pero después de esa victoria, todo sobre la campaña egipcia comenzó a caer en ruinas.

Debería ser evidente que la topografía de África, con sus vastos desiertos, es muy diferente de la topografía de Europa, que está formada por zonas montañosas y tierras altas. Como resultado, las fuerzas de Napoleón no estaban listas para la batalla, ya que no sabían lo indispensable sobre la guerra en el desierto. Esto se comprobó prácticamente cuando Napoleón comenzó su ataque contra El Cairo. La gloriosa táctica de asedio que había funcionado tan bien para Napoleón en sus otras batallas fracasó cuando sus hombres comenzaron a morir de sed y calor, dos cosas a las que el ejército francés no estaba acostumbrado. Las condiciones eran tan malas que muchos hombres intentaron suicidarse por pura locura. Este era un ejército acostumbrado a vivir de la tierra que ocupaba, pero el desierto desolado no ofrecía tal consuelo al ejército de Napoleón. A pesar de las terribles condiciones, el lado positivo que tenía el ejército francés era que tenían tácticas y equipos militares superiores en comparación con los ejércitos egipcio, mameluco y turco que tenían que enfrentar. Los mamelucos eran guerreros esclavos que pertenecían al ejército turco y tenían una feroz reputación por sus unidades de caballería, que los franceses no conocían. El primer conflicto, que fue la Batalla de las Pirámides el 21 de julio de 1798, entre las fuerzas de Napoleón contra los turcos y los mamelucos fue una victoria decisiva, pero el almirante Nelson, que fue la respuesta de Gran Bretaña a Napoleón, hundió casi toda su flota en la Batalla del Nilo, dejando varado al orgulloso comandante francés en las costas de África sin forma de regresar a casa debido al bloqueo británico. Entonces, Napoleón buscó el único recurso posible que pudo tomar en ese punto: marchar hacia adelante. Pero antes de eso, pasó un par de meses fortaleciendo su posición en Egipto, entendiendo la topografía y supervisando la administración de los territorios capturados.

Napoleón peleó una serie de campañas en Siria, acumulando muchas victorias hasta que enfrentó su segundo obstáculo en la campaña egipcia: Acre. Acre estaba bien fortificada y sus defensas estaban bajo el mando de dos comandantes de gran renombre, Jezzar Pasha y el comodoro Sydney Smith. Después de varios meses de intentos fallidos de apoderarse de la ciudad, Napoleón se retiró a El Cairo, donde la noticia del deterioro de las condiciones de la patria francesa y el daño causado por el Directorio débil y corrupto llegó a sus oídos. Inmediatamente resolvió regresar a casa, aprovechando la oportunidad para romper un segmento débil del bloqueo británico.

Si bien es cierto que sus victorias en Egipto fueron uno de los puntos más bajos de su carrera militar, el hecho de que estaba ganando fue alentador para la población en general debido a las derrotas que enfrentaban en Europa. Napoleón regresó a París, donde encontró la situación propicia para un golpe. La gente estaba cansada de la bancarrota moral y política del Directorio y estaba desesperada por un cambio, buscando una figura de esperanza a la que admirar. Napoleón regresó de Egipto no muy pronto para presentarse como el candidato ideal para el pueblo francés.

Lo curioso es que el Directorio realmente envió órdenes para que regresara de Egipto debido a las continuas derrotas en el teatro de guerra europeo, pero Napoleón se dirigió a Francia antes de que esas órdenes lo alcanzaran. Una vez que llegó a Francia, fue recibido con la bienvenida de un héroe. Napoleón ahora proclamó la lealtad de los militares y la gente común, con la ayuda de los periódicos que promocionaban sus victorias. Para el plebeyo francés promedio, él era uno de ellos, un don nadie que alcanzó gran poder por su talento y trabajo duro, sin mencionar que él fue el que aumentó aún más las posesiones territoriales de Francia. Esto, por supuesto, no era cierto en absoluto a juzgar por el hecho de que este hombre era lo suficientemente desapasionado como para matar a sus propios compatriotas para sofocar una rebelión, pero como dice el dicho, las historias tienden a ser más verdaderas que la verdad misma, y esto es exactamente lo que sucedió en el caso de Napoleón.

Napoleón hizo una alianza con Emmanuel Joseph Sieyès, su hermano Lucien, Joseph Fouché y Charles-Maurice de Talleyrand. Juntos, planearon un golpe para derrocar al Directorio. Fue un éxito total, gracias a la popularidad pública de Napoleón, así como a la insatisfacción pública de cómo funcionaban las cosas bajo el nuevo gobierno. Su principal cómplice en el Golpe de 18 de Brumario (Brumario fue el segundo mes en el calendario republicano francés) fue Emmanuel Joseph Sieyès, una figura revolucionaria francesa clave que sentía mucho disgusto por el Directorio y que también tenía popularidad pública. Inicialmente, pensó que estaba usando a Napoleón al dejar que se ensuciara las manos y luego tomar el poder político después de que se despejara el polvo; sin embargo, en realidad fue al revés. Napoleón lo usó para liderar el Golpe de 18 de Brumario y luego se convirtió en el hombre más poderoso de Francia.

El ascenso de Napoleón a la posición de primer cónsul después del golpe no fue tan glorioso como sus victorias militares. Aunque era un inspirador de hombres endurecido y elegante, sus habilidades para hablar en público eran cualquier cosa menos pasable, y cuando apareció antes de que se formara la Convención termidoriana para exponer su caso, poco después de derrocar a los hermanos Robespierre, fue abucheado por oponentes de todas partes. Solo el miedo a su ejército leal obligó a los miembros a nombrarlo como primer cónsul. Esto se hizo a través de la nueva constitución, conocida como la Constitución del Año VIII. Con este movimiento, Napoleón se convirtió efectivamente en un dictador porque, aunque la constitución asignó el poder ejecutivo a tres cónsules, solo el primer cónsul tenía poder real. Al permitir que un voto aprobara esta constitución en febrero de 1800, Napoleón pudo mantener una apariencia de democracia, aunque no habría importado de ninguna manera porque el voto no fue vinculante.

Aunque Napoleón había reunido su poder político por medios inescrupulosos, no ignoraba de ninguna manera las condiciones de Francia y los acontecimientos que llevaron a su ascenso al poder. Estaba plagado de una economía en ruinas, disturbios civiles y una población francesa desmoralizada que bajó la cabeza avergonzada debido a las recientes pérdidas en Europa. Napoleón tenía mucho en su plato cuando se sentó en el trono del poder, y tardó dos años en estabilizar la nación y los frentes de guerra en los que se comprometió Francia para comenzar las guerras napoleónicas contra los británicos y convertirse en la única superpotencia en Europa

Capítulo 4: El ascenso del Bonapartismo: Una monarquía alternativa que se prepara para las guerras napoleónicas

El surgimiento de Napoleón fue efectivamente el fin de la Revolución francesa. En lugar de un grupo de políticos y líderes intelectuales y militares en disputa que no podían ponerse de acuerdo en nada productivo y desconfiaban mutuamente entre sí, las masas francesas finalmente habían encontrado un líder que podía dirigirlos. Napoleón había demostrado esto a los campesinos proporcionándoles nuevas tierras de sus conquistas, además de ser su líder militar, mientras que la clase empresarial se benefició de la constante corriente de requisas que retumbaron en sus negocios y llenaron sus bolsillos. La única clase cuyo corazón Napoleón realmente no pudo ganar fueron los plebeyos, la clase trabajadora que constituía el núcleo de los antiguos partidarios jacobinos en el gobierno. Entonces, cuando llegó al poder como Primer Cónsul, hizo promesas tanto a la izquierda, que estaba compuesta por ex jacobinos que deseaban restablecer el gobierno que tenían en los primeros años de la Revolución, como a la derecha, que estaba compuesta por ex realistas del Directorio, para apaciguarlos a ambos, pero al final no las mantuvo. En cambio, lo que hizo

Napoleón fue combinar lo mejor de ambos mundos y crear un sistema imperial que aprovechara las funcionalidades de ambos tipos dominantes.

Napoleón no podría haber logrado esto muy fácilmente, pero múltiples conspiraciones e intentos de asesinato de las facciones realistas y jacobinas le facilitaron las cosas, dándole la excusa perfecta para hacer cumplir el sistema imperial. Lo hizo estableciendo una policía secreta encabezada por su ayuda de confianza Fouché, quien se convirtió en el jefe de la policía secreta. Napoleón se mostró muy firme en cuanto a asegurar su nuevo poder y depuso hasta la última persona u objeto relacionado con la Revolución para garantizar que ningún otro malestar interino perturbara su régimen, ya que el suyo se basaba en la conquista y el dominio militar, algo que le obligaba a abandonar su base de poder con frecuencia. El más notable de los muchos intentos de destronar a Napoleón fue la Conspiración de las Dagas, que muchos historiadores consideran un complot establecido por la policía de Napoleón para desacreditar a los jacobinos, y la Conspiración de la Rue Saint-Nicaise, donde se utilizaron explosivos. en medio de un paso estrecho con la esperanza de aplastar un carruaje en el que Napoleón viajaba en un viaje a la ópera, con las rocas de la explosión resultante.

El nuevo sistema imperial llamado Consulado, que fue creado por el Primer Cónsul después de los eventos del 18 de Brumario, contenía todos los rastros del antiguo régimen, como la nobleza y los títulos, pero el poder aristocrático que venía con estos factores fue despojado y convertido en una moda burguesa para no volver al viejo régimen monárquico. Aunque técnicamente compartía el poder con otros cónsules de una manera aparentemente democrática, era más o menos un sistema de gobierno autocrático con Napoleón en la cima haciendo lo que quería hasta que finalmente se declaró Emperador en 1804. Basado en el modelo social de la antigua Roma, la economía floreció mejor que en décadas, aplacando a los plebeyos franceses. Napoleón creó una nueva constitución en la primavera de

1802 que haría al Consulado permanente y al dictador de Napoleón de por vida, y 3.6 millones salieron a votar de manera semidemocrática, aprobando el referéndum. Este fue un movimiento inteligente del Primer Cónsul: se había establecido como el hombre más importante del imperio sin declararse a sí mismo como un miembro de la realeza, que los franceses ahora odiaban con alma y corazón. De hecho, durante su tiempo como Primer Cónsul, recibió una carta del exiliado hermano menor de Luis XVI, Luis XVIII, quien prometió una amnistía en caso de que la monarquía fuera restaurada con la ayuda de Napoleón. El primer cónsul se negó cortésmente, probablemente con una sonrisa traviesa en su rostro, respondiéndole que la posibilidad estaba fuera de discusión.

Algunos historiadores dicen que uno de los principales héroes inspiradores de Hitler fue Napoleón y que existen sorprendentes similitudes en su personalidad y sus acciones. Aunque Hitler no se molestó en legitimar su gobierno con ninguna de las fachadas políticas que tenía Napoleón, la Alemania de Hitler poseía asombrosas similitudes con la Francia de Napoleón. Ambos eran estados policiales, ambos tenían líderes que inspiraron a su gente a ser superiores y militaristas, y ambos trataron de unificar y expandir las fronteras de su país. Una de las fachadas que exhibió Napoleón estaba en el lema "Igualdad, libertad y fraternidad", que se hizo eco en una Europa turbulenta, causando disturbios civiles en más de un país. Pero la verdad es que Napoleón formó un estado policial a través del Código Napoleónico que solidificó la base de poder de la clase media. A diferencia de muchos dictadores en la historia, no provocó a la clase campesina, ya que eran una parte importante de su base de poder.

En el exterior, el Código Napoleónico era la encarnación exacta de los ideales que predicaba: igualdad, libertad y fraternidad. Según su código, cada ciudadano se consideraba igual ante la ley, lo que significa que todos eran responsables de contribuir y desarrollar el estado. Todos tenían que pagar impuestos, ya fueran campesinos, trabajadores, soldados o empresarios. Para legitimar la presencia de la Iglesia católica que los franceses habían llegado a burlar en el curso de la Revolución francesa, introdujo la libertad de religión que aseguraba que todos fueran libres de practicar la religión sin la persecución que vino con la monarquía feudal en la que la Iglesia condenó a los seguidores de otras religiones como herejes. El Código Napoleónico también dio un duro golpe a los antiguos gremios y sindicatos al proporcionar libertad de profesión. Esto puede sonar simple, pero el impacto que tuvo en el profesional socioeconómico fue asombroso. El comercio y los negocios florecieron, permitiendo una economía nacional más diversificada.

Una de las mejores cosas del Código Napoleónico fue que la educación ya no era un privilegio elitista. Napoleón estaba decidido a crear una nación educada para evitar que algo como la Revolución francesa ocurriera nuevamente. Sabía que una de las razones por las que era tan popular era porque llegó a la cima a pesar de ser un extraño y de orígenes más humildes, y quería que su gente sintiera lo mismo, que pudieran controlar su propio destino con talento y educación. El Código Napoleónico básicamente legitimó su dictadura militar al introducir una constitución informal para las personas que apareció como un código civil benevolente porque Napoleón sabía que no importaba cuánto intentara limpiar las manchas de la Revolución francesa, siempre permanecería en la mente de las personas que habían arrancado el poder de la monarquía con sus propias manos. Al convertirse en un monarca constitucional, proclamó efectivamente que su gobierno fue el resultado de la Revolución. De hecho, una declaración importante del bonapartismo es: "Yo soy la nación".

Sin embargo, lo que hizo en secreto el Código Napoleónico fue consolidar el poder de la nueva sociedad de industriales y empresarios que habían obtenido su riqueza del negocio rentable de la guerra que fue comprado por las guerras revolucionarias francesas, así como estandarizar la forma en que los campesinos podían poseer tierras. La clase trabajadora se sintió agobiada por esto, y llegó al punto de que tenían que llevar permisos para ser mostrados durante los registros aleatorios de la policía; de lo contrario, serían marcados como vagabundos y expulsados de la ciudad. En cualquier tipo de conflicto trabajador-empleador, la palabra del empleador reinaba supremamente. La censura de los medios bajo el Código Napoleónico también fue sorprendente, considerando el hecho de que abogaba por la educación y el libre pensamiento. Durante el régimen de Napoleón, había menos de cinco periódicos circulando en todo el país. Probablemente, una de las principales razones de una censura tan estricta se debió a que la mayoría de los periódicos estaban dirigidos por jacobinos y ex-realistas, por lo que Napoleón no quería que el mismo poder que lo popularizó fuera la fuente de su caída. En este aspecto, la paranoia y el cinismo de Napoleón son bastante claros a través de la forma en que lidió con los últimos restos de la Revolución francesa con Fouché y su policía secreta, utilizando acusaciones falsas, asesinatos y otras tácticas para reprimir completamente al otro lado, casi de igual forma que Hitler hizo antes y durante la Segunda Guerra Mundial.

Fue difícil para cualquiera ir contra Napoleón, pero fue aún más difícil considerando que la Iglesia estaba de su lado. Durante este período, la Iglesia consolidó y legitimó gran parte de la autoridad de Napoleón, lo que dificultó a sus oponentes construir una coalición efectiva durante la primera mitad de las guerras napoleónicas, así como durante su segunda invasión de Italia después de su ascenso al poder como el primer cónsul de Francia. Las negociaciones que Napoleón había llevado a cabo durante la primera campaña italiana sin la autoridad del Directorio allanaron el camino para que la Iglesia volviera a establecerse en Francia, que era una de las naciones más grandes y poderosas de la época. La falta de una jerarquía papal en Francia significó una gran pérdida de ingresos, ya que la Iglesia recibió parte de los ingresos generados por los impuestos del pueblo y era parte de los Estados Generales originales que existían antes del período anterior a la Revolución. Napoleón aseguró que cuando el catolicismo fuera restaurado bajo su gobierno, él tendría la última palabra en la jerarquía clerical francesa. El mayor ejemplo de su control de la Iglesia incluyó el nombramiento de obispos de todo el país. En otros países, los obispos fueron nombrados directamente por el Vaticano. Napoleón entendió que, aunque la Revolución tenía sus méritos, no había forma de que la disparidad de clases pudiera descentralizarse. Él sabía que la religión sería necesaria para mantener algún tipo de equilibrio entre la gente. A pesar de los beneficios que esto trajo, la gente en su círculo íntimo estaba muy disgustada porque el catolicismo había regresado al suelo de Francia, ya que había sido uno de los objetivos principales de la Revolución para abolir la corrupción religiosa, y muchos de sus fieles los oficiales militares aún guardaban rencor contra el establecimiento. Hay una historia en la que Napoleón le preguntó una vez a uno de sus generales militares cercanos cómo se sentía acerca de las costumbres religiosas mientras asistía a un ritual como visita habitual, a lo que el general respondió audazmente: "¡Bastante mística monje! Lo único que falta es la sangre de los millones de hombres que murieron tratando de volcar lo que están restaurando ".

El lector casual podría preguntarse por qué los franceses recurrieron tan fácilmente al mismo sistema que intentaban abolir en primer lugar. Para entender esto, uno debe entender la naturaleza fundamental de una revolución: el cambio. Una revolución es una fase transformadora que generalmente se desencadena como resultado de múltiples razones que impulsan a las masas a pedir un cambio, o podría ser el resultado de una explosión de furia reprimida que puede desencadenarse por un solo accidente aislado. De cualquier manera, el entusiasmo y la energía del estallido duran poco tiempo, y cualquier transformación o cambio que una revolución intente lograr debe tener lugar dentro de ese tiempo o una revolución está condenada al fracaso, una lección común aprendida de la historia de las revoluciones a través de múltiples culturas, países y continentes desde el comienzo de la historia humana registrada. Si no se logra el cambio, el entusiasmo desaparece y las masas aceptan de mala gana el fracaso y vuelven a su estilo de vida oprimido. Este fue el caso de la Revolución francesa, que es única en la forma en que logró transformar la sociedad de la monarquía feudalista, que era la costumbre desde la Edad Media, a la sociedad democrática moderna que una buena parte del mundo disfruta hoy en día, asegurando los derechos del hombre común. Sin embargo, la gente no logró asegurar una revolución adecuada debido a las indiferencias y conflictos entre ellos. Aunque hubo eventos, como la Toma de la Bastilla y la Marcha de las Mujeres, entre otros, que causaron que las primeras chispas de la Revolución francesa fueran exitosas al principio, los conflictos políticos entre los bandos opuestos crecieron y la guerra civil se apoderó de la nación, a finales de la década de 1790. La gente miró hacia Napoleón para guiarlos, y al confiar en él, a Napoleón le resultó mucho más fácil establecer una disciplina firme en el país.

Capítulo 5: El inicio de las Guerras Napoleónicas

La enemistad y la hostilidad entre los franceses y los británicos se remonta a los tiempos anglosajones cuando los ingleses estaban bajo el yugo del dominio francés. Ricardo Corazón de León, uno de los monarcas ingleses más románticos cuyas leyendas y hazañas son parecidas a las del Rey Arturo, pudo rastrear directamente su linaje hasta los orígenes franceses, pero Inglaterra cortó los lazos con sus primos franceses más adelante, creando una disputa por los siglos venideros. El ascenso y la supremacía de la Marina Británica fue el resultado de evitar otra invasión francesa. Cuando comenzaron las guerras revolucionarias francesas, los británicos eran lo suficientemente fuertes como para enfrentarse cara a cara económica y militarmente con las superpotencias europeas de la época, España, Portugal y Francia. La participación británica en la guerra de la Segunda Coalición afectó los resultados de las escaramuzas en las que los franceses participaron de manera bastante negativa, algo que Napoleón entendió bastante bien durante su primera campaña extranjera en Egipto, donde aprendió sobre la supremacía de la Royal Navy o Marina Real de la manera difícil. Sin embargo, para mantener el impulso de su régimen militar, Napoleón entró en una segunda era de guerras con los británicos, que formaron diferentes coaliciones para frustrar el dominio francés y la amenaza que trajo consigo a través de los cambios socioeconómicos que se estaban llevando a cabo dentro de Francia y sus repúblicas hermanas vecinas, lo que dificultó al Imperio británico asegurar un lugar de poder en los asuntos continentales.

Durante los primeros años de poder, Napoleón se enfocó en construir su ejército y, lo que es más importante, sus fuerzas navales para igualar a los británicos, a quienes conocía por experiencia de primera mano, se convertirían en su enemigo más fuerte cuando comenzó sus campañas militares. Su experiencia previa en el intento de instigar la insurrección para desestabilizar a Gran Bretaña internamente había fallado, y carecía de los recursos para provocar problemas en el continente británico; por lo tanto, optó por enfrentar a sus fuerzas navales de frente. También consolidó su poder y la seguridad de la República francesa bajo su gobierno al derrotar por completo a Austria, su principal enemigo que condujo al comienzo de las guerras revolucionarias francesas, en 1800. Napoleón estaba haciendo de Europa su propio patio de recreo personal y reorganizando países enteros en un sistema imperial, que se estaba convirtiendo en repúblicas hermanas de Francia, con libertad e individualidad solo en apariencias externas, como Italia y Suiza.

Napoleón también comenzó a impactar sobre la influencia política que Gran Bretaña había ganado durante la guerra de la Segunda Coalición, señalando a las naciones europeas que, dado que no era parte de Europa continental, no tenía ningún papel en la política europea continental. También comenzó a entrometerse con los acuerdos comerciales británicos que formaban parte del Tratado de Amiens, que se firmó en 1802 y marcó el final de las guerras revolucionarias francesas. Esto resultó en la pérdida del comercio para los británicos, y esta acción solo agregó leña al fuego. Combinando esto con la enemistad histórica entre las dos naciones, otra guerra fue casi inevitable, y en mayo de 1803 comenzaron las guerras napoleónicas, que duraron casi doce años y medio antes de terminar finalmente en noviembre de 1815. Las guerras napoleónicas comenzaron después de que los británicos violaron las condiciones del Tratado de Amiens y empezara un bloqueo naval contra Francia, que finalmente respondió con el Sistema Continental.

Sin embargo, hasta 1805, no había coaliciones importantes, ya que tanto Inglaterra como Francia estaban tratando de instigarse mutuamente con acciones militares indirectas que conferían el interés de la otra parte. Napoleón, quien se convirtió en el Emperador de Francia en 1804, hizo cumplir el Sistema Continental, una política que prohibía que el comercio británico corriera por Europa por tierra, y los británicos respondieron con vehemencia colocando bloqueos navales en las principales rutas de comercio marítimo de Francia. Ni los franceses ni los británicos habían olvidado que cada uno de ellos había intentado derribar por separado el imperio del otro desde adentro, por lo que, en última instancia, la paz estaba fuera de discusión. Solo uno de estos superpoderes podría quedar en pie después de que el humo de la guerra se hubiera despejado del teatro de guerra europeo.

Capítulo 6: Las Guerras Napoleónicas, Parte 1

Como la columna vertebral del poder de Napoleón eran los empresarios e industriales que habían tenido un gran rendimiento por casi una década de guerra, no estaban muy interesados en mantener un estado pacífico en Europa. Esto también se alineó bien con el régimen de Napoleón, que se basó principalmente en conceder el interés del pueblo en general en los esfuerzos militares y las victorias para evitar los problemas civiles internos de la nación, como una economía corrupta o un astuto retorno al estado monárquico de las cosas antes la Revolución. El Código Napoleónico, que se hizo cumplir en toda la nueva república, también se aplicó en las nuevas repúblicas hermanas que Napoleón estaba formando silenciosamente desde su ascenso al cargo de Primer Cónsul en 1799. A diferencia de la opresión directa de Hitler a los países conquistados, lo que llevó al resentimiento directo contra el régimen nazi, el Código Napoleónico fue más discreto por naturaleza. El objetivo principal del sistema tributario era que el ejército pudiera vivir de las tierras de cada nación que conquistó y reforzar exponencialmente el núcleo de la economía francesa.

Sin embargo, de la misma manera que las masas de Francia se desilusionaron con la Revolución francesa, las nuevas repúblicas hermanas de Francia estaban comenzando a cansarse del opresivo estado policial de Napoleón y de financiar su floreciente imperio militar. Napoleón derramó la última gota del vaso al hacer cumplir el Sistema Continental, que prohibió el comercio con los británicos en los territorios controlados por Francia. Esto permitió a Gran Bretaña formar coaliciones más exitosas contra Napoleón que eventualmente llevaron a su caída.

La guerra de la Tercera Coalición

Dos años después de que los británicos declararon oficialmente la guerra contra Francia, se formó la Tercera Coalición para librar una guerra con Napoleón, principalmente debido a los rumores de que Napoleón estaba planeando una invasión de Gran Bretaña. Napoleón consideró una invasión de Gran Bretaña, ya que era el único país que había sido una espina a su lado de sus campañas de la guerra revolucionaria francesa, por lo que acumuló una fuerza de 180.000 soldados y una unidad de artillería muy capaz con la intención de hacerlo. Como resultado, comenzó a hurgar y empujar a la marina británica en las Indias Occidentales en el mes de julio de 1805, lo que llevó a los británicos a formar la alianza rusa. Después de celebrar acuerdos con Rusia, ambas partes firmaron un tratado que promulgó una alianza para liberar a la República bávara (los Países Bajos de hoy en día) y la Confederación suiza del yugo de Napoleón. Sin nada que perder, Austria también se unió a la Tercera Coalición, y poco después, Suecia se unió a la refriega, permitiendo a los británicos usar su país como base de operaciones militares en agosto de 1805.

El ejército de Napoleón, conocido como La Grande Armée (el Gran Ejército) durante las guerras napoleónicas, estaba formado por las tropas que había acumulado hace un tiempo para la invasión de Gran Bretaña, que sumaban un total de 200.000 unidades de infantería y que creció a 350.000 cuando comenzaron las escaramuzas de la Tercera Coalición, y entre 250 y 280 cañones que se dividieron en 7 cuerpos. Cada cuerpo tenía suficientes suministros para durar un día si estaba atrincherado en posiciones defensivas, lo que les daba a otros cuerpos suficiente tiempo para rescatarlos. Además de la división de infantería, Napoleón también organizó una división de caballería de reserva de 22.000 hombres con 24 piezas de artillería, por primera vez con coraceros (soldados de caballería con mosquetes) como la columna vertebral principal de la reserva. Oponiéndose a esta enorme presencia militar, estaban los soldados de infantería rusos endurecidos, que eran veteranos de guerra, y un ejército austríaco inexperto y sin entrenamiento recién formado en 1801 por el archiduque Carlos después de sus derrotas anteriores. El punto fuerte del ejército austríaco fueron sus unidades de caballería, que todavía se consideraban las mejores de Europa en ese momento a pesar de las múltiples derrotas a manos de los franceses en las dos coaliciones anteriores.

Los austriacos dieron el primer golpe con la invasión de Baviera con un ejército de unos 70.000 hombres al mando de Karl Mack von Leiberich. El ejército austríaco no coincidía con las fuerzas de Napoleón, y los austriacos sufrieron una pérdida significativa en la Batalla de Ulm, aunque, afortunadamente, sin muchas pérdidas de vidas. También perdieron una segunda batalla en Italia, donde el archiduque Carlos lideró la carga contra las fuerzas de Masséna.

La campaña de Ulm constaba de cinco batallas principales: la batalla de Wertingen, la batalla de Gunzburgo, la batalla de Haslach-Jungingen, la batalla de Elchingen y la batalla de Ulm. A diferencia de las guerras continentales anteriores que había librado Napoleón, que se encontraban principalmente dentro de la península italiana, Napoleón eligió el Danubio y el Rin como su teatro de batalla, lo que engañó a sus enemigos para establecer su base de operaciones en la península italiana cuando el ejército de Napoleón estaba marchando por el Danubio reuniendo una victoria tras otra. Esta fue también la primera vez que mostró el uso de estrategias de batalla complejas al usar una parte de sus fuerzas para engañar al enemigo haciéndole creer que estaba tomando una ruta, mientras que, en realidad, estaba flanqueando al enemigo por detrás, rodeando a las fuerzas enemigas y haciéndolos perseguir sus unidades señuelo. Mientras las fuerzas de la Coalición miraban hacia Italia, esperando que las fuerzas de Napoleón aparecieran cualquier día, el ejército francés rodeaba Augsburgo marchando hacia la Selva Negra, con el ala izquierda marchando desde el norte de Alemania y los Países Bajos mientras las alas derecha y central se movían desde el medio del Rin.

La invasión de Ulm comenzó el 22 de septiembre a lo largo del río Iller. La escaramuza continuó hasta finales de septiembre, que fue cuando, después de observar el curso de la escaramuza, Napoleón decidió hacer de Ulm su primer objetivo en lugar de Augsburgo, como pretendía originalmente. Esto se debió a la firmeza del general Mack de mantener las líneas en Ulm, lo que facilitó que Napoleón cambiara su objetivo de interrumpir las líneas de comunicación de Mack al hacerse cargo de Augsburgo para destruir el ejército de su enemigo con la ventaja estratégica que ofrece la topografía de la región.

El primer conflicto en Wertingen el 8 de octubre fue una pequeña escaramuza entre las fuerzas francesas, lideradas por los mariscales Joachim Murat y Jean Lannes, y las fuerzas austriacas, bajo el mando del teniente mariscal de campo Franz Xavier von Auffenburg. Las fuerzas de Napoleón tenían la ventaja, ya que el enemigo ignoraba por completo que Napoleón venía por detrás. El derrotado ejército austríaco regresó a Ulm dos días después.

Michel Ney, una de las figuras militares clave de Napoleón y futuro Mariscal del Imperio, en ese momento estaba bajo el mando del Mariscal Louis Alexandre Berthier. Ney recibió la orden de atacar a Ulm por su comandante el 8 de octubre y se dirigió hacia la ciudad de Gunzburgo, que se dirigía a Ulm. Este movimiento culminó en la Batalla de Gunzburgo, en la cual las fuerzas francesas, dirigidas por el General de la Tercera División, Jean-Pierre Firmin Malher, arrebataron el control de un cruce importante a través del Danubio desde las fuerzas austríacas de Konstantin Ghilian Karl d'Aspré. Esto fue seguido por las batallas de Haslach-Jungingen y de Elchingen, que terminaron en la Batalla de Ulm, en la que las fuerzas austriacas se rindieron. Después de la Batalla de Ulm, que duró del

16 al 19 de octubre, Napoleón se tomó un descanso para dejar que sus soldados recuperaran el aliento y marcharon para ocupar Viena el 13 de noviembre. Pero esto resultó ser un movimiento desventajoso, ya que se alejó más de la línea de suministros de su ejército de lo que pretendía. Un ejército conjunto austro-ruso, bajo el mando del héroe militar ruso y más tarde mariscal de campo del ejército ruso, el príncipe Mikhail Illarionovich Golenishchev-Kutuzov, aprovechó la distancia de Napoleón de sus líneas de suministro. El zar Alejandro I de Rusia también estuvo presente en la batalla. El ejército de Napoleón de 52.000 hombres, que se separó de la fuerza principal para atraer la atención del enemigo, resistió un asedio de diecinueve días, y el 2 de diciembre, logró una gran victoria sobre las fuerzas militares austro-rusas en la Batalla de Austerlitz, que es considerada como la mayor victoria de Napoleón en su carrera.

Una de las principales razones de esta victoria fueron las maniobras psicológicas de Napoleón que hicieron que sus enemigos jugaran directamente en sus manos. Si bien esto es definitivamente cierto, otra razón para la derrota austro-rusa se debió a que los comandantes rusos y austriacos no pudieron ponerse de acuerdo en nada. El archiduque Carlos y Kutuzov favorecieron un plan de acción defensivo, pero el zar ruso, cegado por la gloria y la arrogancia, quería una ofensiva montada junto con los austriacos. Kutuzov incluso fue despojado de su mando de manera no oficial por no estar de acuerdo con su monarca en realizar un asalto frontal contra las fuerzas aparentemente más débiles de Napoleón. Estas fuerzas parecían más débiles de lo habitual para aquellos que no sabían nada sobre la guerra, pero los experimentados Kutuzov y el archiduque Charles lo consideraron una estrategia de señuelo.

Los dos comandantes tenían razón en su suposición. En la víspera de la batalla, Napoleón había despoblado a propósito su flanco ligero en Pratzen Heights para hacer que el enemigo pensara que las filas se habían reducido y que una carga expondría y rompería la formación enemiga. Napoleón contaba con que esto sucediera, y así fue. Al cargar a través de su flanco derecho, las fuerzas de la Coalición expusieron sus flancos medio e izquierdo, que el ejército de Napoleón atacó tan pronto como el ejército de la Coalición cayó en la trampa de Napoleón. Las tropas individuales de La Grande Armée, que es como se llamaba el ejército de Napoleón durante las guerras napoleónicas, mostraron su eficacia al presionar los flancos enemigos desde múltiples direcciones, mientras que detrás de Napoleón yacían asediados por las fuerzas de la Coalición en la primera línea.

La mayor parte de la batalla tuvo lugar en Sokolniz, una aldea que estuvo en un constante estado de tira y afloja entre los dos bandos durante todo el día, ya que el número de soldados de la Coalición que atacaban por el flanco derecho no era lo suficientemente alto, por lo que era imposible pasar a la siguiente fase del plan de Napoleón. Fue la tropa del general Jean-de-Dieu Soult la que cambió el rumbo de la batalla al romper las filas traseras enemigas, algo que no esperaban. Esto causó la mayor cantidad de víctimas en ese día debido al elemento sorpresa. Mientras el ejército de Soult estaba desgarrando el flanco derecho, las fuerzas del general Dominique Vandamme estaban causando estragos en el flanco izquierdo, acercándose a un área llamada Staré Vinohrady. Aunque los flancos izquierdo y derecho estaban asegurados por el ejército francés, el flanco izquierdo fue atacado nuevamente por los guardias imperiales rusos, liderados por el hermano del emperador ruso, el gran duque Constantino, quien derrotó a un batallón francés completo en su feroz contraataque, obligando a Napoleón a usar su reserva de caballería para enfrentar el asalto.

Con una feroz batalla de caballería en curso, no hubo una ventaja clara para ninguno de los bandos hasta que el general Jean-Baptiste Drouet del Primer Cuerpo flanqueó nuevamente a las fuerzas rusas desde la retaguardia, como el primer asalto de Soult en el flanco derecho. Este movimiento devastó totalmente a las fuerzas austro-rusas, que quedaron atrapadas entre las fuerzas de los dos comandantes franceses, lo que resultó en otra masacre y la pérdida de vidas. La parte más septentrional del campo de batalla también vio feroces combates bajo el mando del general Kellerman y el general Cafarelli, quienes se mantuvieron firmes después de enviar a Joachim Murat, uno de los Mariscales del Imperio de Napoleón, para liderar dos de las divisiones de coraza de reserva bajo el mando del General Nansuty y el General d'Hautpoul para reducir las abrumadoras fuerzas rusas. Pero el frente de batalla final resultó ser el flanco izquierdo, que fue el pueblo de Sokolnitz durante la primera parte del día, pero ahora era Telinitz, otro pueblo cercano a Sokolnitz. Un ataque final de doble filo destrozó totalmente a las fuerzas de la coalición, enviando al enemigo a una retirada total y asegurando la victoria francesa.

El ejército francés sufrió una pérdida de 7.000 hombres, mientras que el ejército contrario enfrentó una pérdida aplastante de 25.000 hombres gracias a las tácticas superiores y la configuración de artillería de Napoleón, que fue la mejor en ese momento en la Batalla de Austerlitz. Austria no participó en otra guerra contra Francia hasta la guerra de la Quinta Coalición. Al firmar el Tratado de Presburgo el 26 de diciembre de 1805, Austria acordó retirarse de la guerra y entregó las regiones austriacas de Venecia y el Tirol a las fuerzas de Napoleón.

Pero a pesar de haber obtenido la mayor victoria militar en su carrera, las guerras estaban lejos de terminar, ya que los rusos aún no habían demostrado su poderío militar, que era numéricamente el único ejercito que se equiparaba a las fuerzas de Napoleón en Europa. Por lo tanto, la guerra de la Tercera Coalición terminó a finales de 1805 con una nota incómoda, ya que los problemas aún se estaban gestando entre la coalición antifrancesa instigada por los británicos. Las numerosas victorias de Napoleón tenían a sus enemigos en alerta, y la Batalla de Austerlitz había dejado a muchos de ellos convencidos de que acordar los términos de paz con la poderosa nación de Francia podría ser la mejor solución. Esto fue especialmente cierto para los rusos, pero el ego masivo de Napoleón no dejaría que esto sucediera.

Muchos historiadores coinciden en que el gobierno de Napoleón podría haber durado mucho más tiempo y podría haber tenido más éxito si hubiera decidido consolidar sus victorias en lugar de avanzar para obtener más. Tenía el control total sobre Europa central, con su reino conformado por Alemania, Italia, Bélgica y los Países Bajos, todas las regiones con abundantes recursos naturales y mano de obra que podrían haber convertido la rueda del Imperio francés en una más gloriosa. Este fue también el mismo error que Hitler cometió cuando avanzó por Europa en sus conquistas durante la Segunda Guerra Mundial: ambos líderes no sabían cuándo detenerse y fortalecerse; en cambio, avanzaron, pensando solo en sí mismos y en sus ejércitos como fuerzas invencibles de la naturaleza.

La Guerra de la Cuarta Coalición

La guerra de la Cuarta Coalición comenzó poco después de que Austria firmara el Tratado de Presburgo. Como se mencionó anteriormente, Napoleón no tenía intención de detener su conquista para tomar Europa y comenzó a formar su propia coalición conocida como la Confederación del Rin y comenzó a reclutar a muchos de los estados alemanes más pequeños que formaban parte de su reino recién conquistado. Elevó a los gobernantes de los Reinos de Sajonia y Baviera, los dos estados más grandes de la Confederación, dándoles el título de "rey". Al principio, Sajonia formó parte de la Cuarta Coalición, pero se alió con Napoleón y su colectivo después de que los prusianos fueran derrotados en la primera campaña de la guerra de la Cuarta Coalición. En respuesta a la Confederación del Rin, varias potencias europeas se unieron nuevamente para luchar contra los franceses, incluidos Rusia, Gran Bretaña, Prusia y Suecia. La coalición pudo haber durado solo un año, pero se libraron algunas de las principales batallas de las guerras napoleónicas.

La nueva coalición fue iniciada por el ambicioso rey prusiano, Federico Guillermo III, quien creía que su ejército era lo suficientemente capaz de enfrentar a los franceses sin el respaldo de Rusia, su mayor aliado y vecino. El 8 de octubre de 1806, Napoleón comenzó su invasión de Prusia con Louis-Nicolas d'Avout, uno de sus mejores generales y mariscal del Imperio. El ejército prusiano fue derrotado por ambos generales en dos batallas diferentes en Jena y Auerstedt el 14 de octubre. El número total del ejército francés fue de 160.000 soldados, que derrotó a un ejército enormemente superior de 250.000 en cuestión de días, eliminando 25.000 hombres y tomando 150.000 como prisioneros, una de las mayores pérdidas para la coalición antifrancesa. Además de eso, Napoleón también se apoderó del equipo de artillería prusiana y las armas de fuego, reforzando aún más sus suministros sin necesidad de pedir más desde casa, que ya estaba muy lejos. Berlín, que entonces era parte del territorio prusiano, fue ocupada el 27 de octubre, lo que condujo a una victoria rápida y sorprendente para las fuerzas francesas en solo diecinueve días, la misma cantidad de tiempo que Napoleón tuvo que soportar un asedio en Viena un año antes.

El siguiente frente de batalla para el ejército de Napoleón fue Polonia, donde expulsó a las fuerzas rusas principalmente con la ayuda de las fuerzas polacas y alemanas, así como de los holandeses e italianos en el asedio de Pomerania. La campaña polaca fue una guerra de asedio total en los frentes de batalla de Pomerania y Silesia. A pesar de que Rusia era una de las mayores potencias militares de la época, el entrenamiento y la alta moral que estaba presente en el ejército campesino de Napoleón, que lo adoraba casi como una deidad, no estaba presente en sus filas, lo que permitió que Napoleón venciera lenta pero constantemente, a las fuerzas armadas rusas durante el resto del año. Después de estos asedios, Napoleón volvió su mirada hacia la capital prusiana de Königsberg en los primeros meses de 1807. El ejército ruso se retiró al norte después de sufrir una pérdida tras otra en las Batallas de Eylau, Danzig y Heilsberg durante febrero, marzo y junio. La victoria decisiva final de Napoleón contra los rusos durante la guerra de la Cuarta Coalición fue en Friedland, lo que obligó al zar de Rusia, Alejandro I, a firmar un tratado de paz con Napoleón el 7 de julio en Tilsit.

Este tratado de paz con los rusos puso fin formalmente a la guerra de la Cuarta Coalición, pero los británicos estaban lejos de rendirse.

Una vez que los británicos vieron que todos sus aliados de la Cuarta Coalición habían sucumbido a la derrota, se encargaron de librar una guerra táctica de un solo hombre para debilitar el poder naval de Napoleón para que las fuerzas francesas no pudieran ser tan aterradoras en el mar como en tierra. Hasta este punto, se involucraron en las guerras de Gunboat, la guerra finlandesa y la guerra sueco-danesa, todo entre 1807 y 1809 antes de la formación de la Quinta Coalición contra el enorme ejército de Napoleón.

En agosto de 1807, la Royal Navy tomó la primera iniciativa y atacó a Dinamarca. Aunque Dinamarca era neutral hasta este punto, la influencia abrumadora de Napoleón en la política europea y la paz recién formada con el Imperio ruso estaba poniendo al país bajo presión política para permitir que Napoleón utilizara su magnífica flota naval si así lo ordenaba el brillante táctico, lo que representaba una seria amenaza para la marina británica. La capital danesa de Copenhague fue puesta bajo asedio, y la flota dano-noruega fue capturada, permitiendo a los británicos una ruta segura para el comercio, así como la influencia del territorio naval. Después de este giro de los acontecimientos, Dinamarca perdió su valor de guerra para Napoleón porque, aparte de su flota, los daneses no tenían nada que ofrecer en términos de fuerza y estrategia militar. A pesar de esta gran pérdida, los daneses se mantuvieron fieles a sus aliados franceses, llevando a cabo una guerra de guerrilla naval contra la flota británica y ofreciendo un pequeño destacamento de soldados para ayudar a Francia y Rusia en su conquista de Suecia, después de que los emperadores de Francia y Rusia decidieran unirse contra el país para hacer cumplir el Sistema Continental.

Napoleón llevó a cabo un ataque en dos frentes contra Suecia, uno por agua y otro por tierra. La campaña fue dirigida por el mariscal Jean-Baptiste Bernadotte, uno de los mejores soldados y generales de Napoleón, pero la campaña fue comprada para un punto muerto y en su lugar se convirtió en una serie de escaramuzas fronterizas, ya que la marina británica impidió que el ejército francés cruzara el estrecho de Øresund, que separa Suecia de Dinamarca. Finalmente, los esfuerzos de los británicos fueron en vano, ya que Rusia y Francia dividieron a Suecia entre ellos en el Congreso de Erfurt, que tuvo lugar entre septiembre y octubre de 1808. Esto convirtió a Suecia en un aliado francés, algo que los británicos intentaban evitar con su invasión de Dinamarca. La guerra de guerrillas navales entre Gran Bretaña y Dinamarca duró hasta 1812 con la victoria británica de la Batalla de Lyngør, donde el último buque de guerra danés se hundió en combate.

La Guerra de la Quinta Coalición

Después del colapso de la Cuarta Coalición, no hubo grandes movimientos políticos o militares contra Francia durante aproximadamente dos años gracias a las estupendas victorias militares de Napoleón, así como a su alianza con Rusia. La guerra de la Quinta Coalición, formada principalmente por los británicos y los austriacos, trajo algunos cambios significativos que sacudieron un poco las cosas para las guerras napoleónicas.

Primero, a diferencia de la guerra terrestre que había estado ocurriendo desde las guerras revolucionarias francesas, el foco de los esfuerzos de guerra se estaba dirigiendo hacia la guerra naval, que aparentemente era el agujero en las fuerzas militares de Napoleón. Si bien hubo algunas batallas terrestres notables durante la guerra de la Quinta Coalición, palidecen en comparación con la guerra que se llevó a cabo en el mar durante este período. Gran Bretaña hizo pleno uso de su armada, y en una serie de conquistas exitosas, lograron capturar varias colonias francesas.

Confiando en que sus invasiones después del final de la guerra de la Cuarta Coalición habían debilitado más que suficiente a las fuerzas de Napoleón, los británicos trataron de organizar una operación de rescate para los austriacos entre julio y diciembre de 1809, llamada la Expedición Walcheren, pues los austriacos estaban sufriendo grandes pérdidas a mano de las fuerzas francesas. Sin embargo, por un golpe de suerte, fracasó, aunque no se debió a la incompetencia militar, sino a una enfermedad conocida como "fiebre de Walcheren", que más tarde se identificó como malaria, lo que enfermó e incapacitó a la mayoría de los soldados británicos. Con la llegada del mariscal Jean-Baptiste Bernadotte, quien había sido reincorporado recientemente después de que Napoleón lo despojara de su posición por no estar de acuerdo con el emperador, las fuerzas francesas fueron obligadas a fortificar Amberes, y las fuerzas británicas pronto se dieron cuenta de que sería imposible para ellos capturar la base naval controlada por los franceses. Al final de la campaña británica, que había comenzado con 40.000 hombres, 4.000 habían muerto, y el resto propagó las enfermedades que contrajeron en suelo extranjero a las otras unidades a las que fueron asignados después de que la campaña fuera suspendida, excepto por un destacamento de 12.000 soldados. Los británicos finalmente habían aprendido por las malas que, sin importar cuántas victorias navales pudieran ganar contra los franceses en el mar, en tierra los franceses eran invencibles, lo que los condujo a llevar la mayor parte de la guerra al agua, antes que enfrentar pérdida tras pérdida de mano de obra y equipo a través de la guerra terrestre. En lugar de una guerra directa de desgaste, desarrollaron la estrategia de conquistar colonias francesas e interrumpir las rutas comerciales y de suministro de Napoleón, debilitando eficientemente a su ejército desde dentro.

Las unidades superiores de artillería terrestre de Napoleón no tenían ventaja sobre los barcos británicos, ya que tenían una vista clara de la costa. Cada vez que las tropas francesas intentaban establecer su equipo de artillería, la Marina Real los bombardeaba fácilmente desde la distancia, haciendo imposible romper los bloqueos navales, a menos que aquellos que colaboraran con los británicos fueran inexpertos, como los españoles. España fue uno de los pocos países que abiertamente no le gustó el Sistema Continental y mantuvo operaciones de contrabando con Gran Bretaña para llevar a cabo un comercio viable que no estresara su economía. Los franceses lo sabían, y en un momento en 1808, Napoleón había invadido España e instituyó un monarca títere al colocar a su hermano José en el trono español, lo que propagó la rebelión y la disidencia entre los españoles que los franceses encontraron difícil de sofocar. Este fue el plan de Napoleón desde el principio, pero al final, le costó mucho en términos de hombres y recursos, sin mencionar la constante interferencia británica que ya estaba en su lugar. Los británicos eran muy buenos en el espionaje, que es la forma en que adquirieron sus numerosas colonias en primer lugar, y utilizaron esto para apoyar a los rebeldes españoles. La matanza española en 1808, conocida comúnmente como el 2 de mayo en la que murieron cientos de civiles, unificó aún más a los españoles en lugar de aterrorizarlos en silencio. Se cree que este evento comenzó oficialmente la guerra peninsular.

Reprimir una rebelión en el propio territorio es una cosa, pero hacerlo en un país extranjero es otra. Fue muy difícil y le pasó factura al ejército francés. Debido a la concentración de Napoleón en el frente del Rin, dejó sus defensas orientales bastante vacías, con solo unos 170.000 hombres bajo el mando del general Berthier. Los austriacos, al ver esto como una oportunidad de oro, comenzaron a participar en escaramuzas para recuperar Austerlitz, pero fueron sofocados poco después en la Batalla de Raszyn en abril de 1809. Sin embargo, la invasión española resultó ser el comienzo de una serie de malas decisiones del comando central francés, que era básicamente el mismo Napoleón. Los británicos habían armado con éxito la insurrección española, y la consiguiente guerra entre los rebeldes y las fuerzas francesas resultó en una gran pérdida de hombres y recursos franceses. Al principio, Napoleón no estaba presente en España, pero una vez que los rebeldes se apoderaron de Madrid, y el emperador se dirigió al frente de batalla español, retomó con éxito Madrid y obligó a los británicos a retirarse por un corto período de tiempo hasta la Batalla de La Coruña el 16 de enero de 1809, cuando Napoleón se fue al frente oriental, dejando órdenes para que Soult tratara con los británicos. Al igual que en la campaña anterior, Soult volvió a mostrar su aptitud al luchar agresivamente contra los británicos.

El teniente general Sir John Moore lideró un destacamento británico para ayudar a los españoles, pero cuando llegó a ellos, Madrid ya había sido retomado, lo que lo llevó a retirarse. Napoleón ordenó a Soult perseguir al ejército británico en retirada, y arrinconó a sus fuerzas en la isla de La Coruña, donde tuvo lugar la histórica batalla después de una larga persecución con muchas bajas para los británicos en el camino. Soult persiguió a los británicos con una agresión que podría describirse mejor como obstinada. En cuestión de 10 días, hizo que su ejército marchara más de 200 millas con la esperanza de superar a los británicos, con una persecución total de 450 millas en total. Una vez que llegaron a La Coruña el 11 de enero, el ejército británico descubrió que los barcos de transporte prometidos de antemano no estaban allí; en cambio, un puñado de buques de guerra conocidos como naves de línea y algunos buques navales sí se encontraban allí, lo que les obligó a agacharse y esperar tres días, tiempo que no podían permitirse por su apresurada y problemática retirada del ejército de Napoleón. Ese ejército comenzó a llegar al día siguiente, pero se abstuvo de atacar, lo que permitió que el ejército británico se recuperara un poco.

El general Soult llegó con sus unidades de artillería en la tarde del día 14 y comenzó su asalto a La Coruña justo cuando los enfermos y heridos casi terminaban de ser cargados en los barcos de transporte británicos junto con todo el armamento transportable. En lugar de dejar que el equipo que traían para los españoles cayera en manos del ejército francés, prefirieron destruirlo todo, que incluía una enorme reserva de pólvora, municiones y morteros. Al principio, parecía que los británicos tenían la ventaja, debido a su moral elevada y números superiores, pero las unidades de artillería del general Soult volaron a través de sus defensas, moviéndose lentamente desde el terreno inferior al terreno superior donde se habían colocado las defensas de transporte en una cresta según el plan defensivo de Moore. Soult tenía pocas intenciones de usar la caballería, ya que el terreno era demasiado inadecuado para la batalla montada, por lo que aprovechó al máximo su artillería, empujando a los británicos de regreso a la ciudad de Elviña, donde las fuerzas británicas sufrieron bajas inmensas y carecieron de liderazgo para la mayoría de la batalla. Al caer la noche, el ejército británico se aprovechó de la oscuridad para retroceder lentamente a sus barcos de transporte y retirarse, ya que mantener su terreno no tenía sentido y ya había cobrado su precio. Mantuvieron a los franceses engañados el tiempo suficiente por una línea frontal densamente poblada que cubría la retirada de la retaguardia. Cuando Soult se dio cuenta de que había sido engañado, ordenó colocar pistolas de artillería en la cresta norte del puerto y disparar contra los barcos en retirada. Su ataque hundió con éxito cuatro naves antes de que las naves dispararan de vuelta, navegando fuera de su alcance de artillería.

Sin embargo, eso fue todo el éxito que surgió de la conquista española. Después de que Napoleón se fue de España tras escuchar los informes del ataque austríaco en el frente francés oriental, las insurrecciones volvieron a surgir en España, esta vez en forma de guerra de guerrillas en el campo, que el ejército francés residente encontró difícil de controlar. La conquista española le había costado a Francia muchos recursos y mano de obra, lo que debilitó enormemente a su ejército por un tiempo. Después de la Batalla de Aspern-Essling, que marcó la primera derrota táctica de Napoleón, Napoleón regresó al frente interno y ordenó lentamente al ejército cansado, ya que la Batalla de Aspern-Essling había resultado en grandes pérdidas, casi 20.000 en número. Esto sucedió cuando Napoleón y su ejército intentaron abrirse paso a través del Danubio para ser obstruidos por las fuerzas del archiduque Carlos. El primer día de la batalla tuvo lugar en los pequeños pueblos de Aspern y Essling, pueblos que conducían al puente que conectaba al otro lado del Danubio. Una feroz batalla tuvo lugar durante todo el día el 21 de mayo con los austriacos en posesión de las aldeas en la mañana. Al final del día, ambos ejércitos tenían la mitad de la aldea de

Aspern en su poder mientras Essling permanecía bajo control francés, gracias a los esfuerzos de Jean Lannes.

Pero todo esto fue una artimaña para los planes del ejército austríaco. Dado que el camino a través del puente era estrecho, el archiduque Carlos tenía la intención de dejar pasar a un número significativo de enemigos antes de atacarlos mientras los separaba de la fuerza principal francesa al mismo tiempo, lo que tuvo éxito hasta cierto punto. El segundo día de la batalla, la acción comenzó en Essling, donde Jean Lannes expulsó a las fuerzas del Príncipe Rosenberg a las que había estado resistiendo el día anterior. En Aspern, los franceses habían roto las filas enemigas solo para ser flanqueados por detrás. Mientras tanto, Napoleón lanzó un ataque contra el centro austríaco, con Lannes en el ala izquierda. La línea austríaca se rompió, pero el archiduque Carlos sacó su última reserva, aplastando lo que podría haber sido una victoria francesa. Aspern se perdió y, para colmo de males, los puentes que conectaban los dos lados del río también fueron destruidos. Napoleón se retiró por el momento, logrando su próximo intento de cruzar el Danubio en la Batalla de Wagram. Sin embargo, Napoleón perdió a uno de sus mejores comandantes, Lannes, que murió después de ser herido por una bala de cañón en el segundo día de la batalla.

Por un golpe de suerte, los británicos habían encontrado una manera de librar una guerra económica contra los franceses con su Marina Real superior, para la cual la infantería o artillería de Napoleón prácticamente no representaba ninguna amenaza. Continuaron esta guerra económica el tiempo suficiente para que la alianza de Napoleón con los rusos se fracturara. La guerra peninsular, que comenzó en 1807 con la invasión francesa de Portugal, continuó hasta 1814, donde el objetivo inicial de invadir la Península Ibérica se convirtió en una guerra defensiva para proteger las operaciones de contrabando español por parte de la Marina Real que abarcó sesenta batallas importantes y treinta asedios. Efectivamente drenó a Francia de gran parte de sus recursos en una guerra que duró casi seis años, que fue mucho más de lo que los franceses esperaban. Sin embargo, la guerra de la Quinta Coalición finalmente terminó en octubre de 1809 con el Tratado de Schönbrunn en Viena.

Al año siguiente, Napoleón trató de mejorar sus relaciones con los austriacos casándose con María Luisa, duquesa de Parma, con la esperanza de suprimir la futura interferencia austriaca en sus campañas militares, que ya tenían la economía del gran imperio en ruinas. Durante un año o dos, las cosas permanecieron bastante pacíficas, y Napoleón gobernó el imperio más grande de Europa con relativa paz hasta la desafortunada campaña rusa.

Capítulo 7: La Guerras Napoleónicas, Parte 2

Aunque Napoleón y el zar ruso Alejandro I firmaron un tratado de paz entre las dos naciones, no duró mucho. Después de que los rusos se pusieron del lado de los franceses, los británicos quedaron estupefactos con sus aliados suecos y se encontraron librando una guerra contra su antiguo aliado en la guerra anglo-rusa, que duró de 1807 a 1812. Polonia fue la única ubicación militar estratégica para los franceses y los rusos por igual, que resultaron ser neutrales en las guerras y pretendían seguir siendo así. Tanto Napoleón como Alejandro se esforzaron por controlar Polonia desde sus respectivas posiciones, lo que agrió su alianza. El Sistema Continental tampoco hizo mucho para impulsar su relación, ya que estaba perjudicando a la economía rusa. A medida que la relación entre los dos imperios se debilitó, los británicos propusieron una nueva coalición antifrancesa a Alejandro, que se llevó a cabo en secreto bajo las mesas al principio antes de convertirse formalmente en la Sexta Coalición (sin embargo, esta guerra no tendría lugar hasta después de que Napoleón hubiera comenzado su guerra con los rusos). Napoleón ahora estaba luchando de repente contra múltiples enemigos en muchos frentes después de un período de paz más prolongado, pero a diferencia de las campañas anteriores, Napoleón no tenía conocimiento de sus enemigos, y esta desastrosa campaña terminó en la que fue quizás su mayor derrota.

La Campaña Rusa: El principio del fin

En combinación con los factores mencionados anteriormente, está el hecho de que se necesitaban más conquistas para mantener el gigante Imperio francés en funcionamiento, tanto económica como sistemáticamente. Napoleón, en el apogeo de su poder en 1812, comenzó su infame campaña en Rusia, que muchos historiadores consideran el comienzo de su caída.

Napoleón comenzó en junio con un número total de 650.000 unidades (270.000 de los cuales eran franceses y los otros eran aliados o soldados de áreas temáticas) en su La Grande Armée, ya que anticipó que esta campaña sería la más grande en su carrera hasta ahora. Ambas partes tenían diferentes nombres para esta guerra una vez que comenzó. Para los franceses, esta fue la Segunda Guerra de Polonia, mientras que los rusos la llamaron la guerra patriótica. Los rusos usaron su gran masa de tierra para retroceder y retirarse en lugar de mantenerse firmes y luchar, sabiendo muy bien las capacidades de las unidades de artillería y caballería de Napoleón, que fueron las razones de sus continuos éxitos militares desde que se convirtió en emperador. Los rusos evacuaron ciudades y pueblos enteros mientras usaban técnicas de tierra quemada para negarle a Napoleón cualquier recurso, debilitar su cadena de suministro y debilitar su caballería al negar los caballos y los bueyes, que se usaban para el transporte y pastoreo de pastos. El objetivo final de la retirada masiva de Rusia era evitar que Napoleón tuviera un ejército centralizado y, en cambio, tener uno que tuviera que dispersarse cuando llegara el invierno. Al mismo tiempo, las legendarias unidades de caballería cosaca usaron tácticas de guerrilla para asaltar la columna principal. Según los informes, en un ataque, los franceses sufrieron la pérdida de 95.000 hombres en una semana de la columna principal, y todo esto fue antes de que se produjera una gran escaramuza en toda la campaña.

Durante esta fase temprana de la invasión de Napoleón, la única batalla importante que tuvo lugar fue la Batalla de Smolensk, que tuvo lugar entre el 16 y el 18 de agosto y mostró cuán práctica era la estrategia de retirada rusa, aunque significaba regalar grandes extensiones de tierra rusa a los franceses sin derramar mucha sangre. Fue una pequeña ciudad fortificada ocupada por el Segundo Ejército del Príncipe Pyotr Bagration y dirigida por el general Barclay de Tolly, quien desempeñó un papel vital en mantener el número de bajas lo más reducido posible. La batalla ni siquiera habría tenido lugar en principio, si el alto mando ruso no hubiera presionado a Barclay para que se pusiera en una ofensiva con los franceses. Hicieron esto por dos razones: Barclay era alemán, lo que lo convirtió en un extranjero en el que el escalón superior no confiaba por completo, y el zar Alexander I estaba nervioso y quería aplastar al ejército de Napoleón lo antes posible para obtener su dominio sobre Polonia. La efectividad general de la ofensiva rusa se descarriló debido a una mala comunicación, desconfianza y acciones independientes tomadas por los oficiales al mando que desobedecieron las órdenes directas, lo que finalmente resultó en una invasión fallida.

La batalla de Smolensk comenzó con la batalla menor de Krasnov el 14 de agosto, un pequeño pueblo cerca de Smolensk. Al recibir información falsa sobre los movimientos de Napoleón, Barclay dejó un pequeño destacamento en Krasnov mientras se dispuso a explorar y emboscar a las fuerzas de Napoleón, si era posible. En cambio, las reservas dejadas en Krasnik fueron atacadas por una fuerza francesa de 20.000 hombres. Pero los mariscales de Napoleón, Michel Ney y Joachim Murat, también mostraron la misma ineptitud, lo que permitió a los rusos retirarse con éxito con sus municiones y suministros intactos. Cuando esto sucedió, Barclay estaba en Neverovski e inicialmente planeó flanquear a Napoleón, pero Piotr Bagratión, el comandante de las fuerzas en el sur, señaló que el ejército de Napoleón poseía un peligro inmediato para la posición estratégica de Smolensk, que también estaba muy poblada de civiles.

Entendiendo la situación, Barclay cambió su estrategia de guerra mientras enviaba órdenes a Smolensk para su evacuación. Al encontrar la situación adversa, el zar ruso dejó a Barclay a cargo de defender Smolensk. Dado que las tácticas de Napoleón no estaban claras en este punto, Barclay optó por fortificar y proteger la ciudad en lugar de defenderla desde el exterior, que era exactamente lo contrario de lo que Napoleón había previsto, sabiendo el valor de los cañones pesados, municiones y suministros ubicados dentro de la fortaleza.

Esperaba que los rusos lucharan con uñas y dientes para preservar estos recursos, pero en cambio, encontró a toda la ciudad acuartelada, obligándolo a usar fuego de artillería para nivelar la ciudad. Barclay no se molestó en defender mucho, después de que dos de los suburbios de la fortaleza fueron tomados; destruyó todos los recursos militares utilizables en la fortaleza y los abandonó con los soldados y civiles que huían, permitiendo que los franceses capturaran la ciudad al anochecer. El fuego de artillería francés fue abrumador, y se estima que hubo un total de 20.000 bajas en las dos batallas combinadas, una de las más pesadas en el lado ruso durante la invasión de Rusia por Napoleón. Sin embargo, a diferencia de los rusos, Napoleón estaba en desventaja para reunir más hombres y suministros.

Esta retirada táctica de los rusos continuó durante tres meses, y aunque las tácticas del mariscal de campo Barclay de Tolly realmente estaban funcionando, fue despojado de su posición para ser reemplazado por Kutuzov, quien había luchado contra Napoleón durante la guerra de la Tercera Coalición. Kutuzov era tan visionario como su predecesor y continuó retirándose junto con las tácticas de tierra quemada que ahora estaban erosionando al ejército francés desde adentro. Finalmente, el estancamiento se rompió el 7 de septiembre en la Batalla de Borodino. Esta fue la mayor escaramuza de todas, ocurriendo en las afueras de Moscú e involucrando a más de 250.000 hombres en total de ambos lados. La acción tuvo lugar principalmente cerca del pueblo de Borodino, un pueblo un poco más alejado del pueblo de Mozhaysk, donde Kutuzov había preparado fortificaciones para estar listo para la última resistencia del ejército ruso. El reducto Raevsky de Borodino se convirtió en el punto de captura de la bandera de ambos ejércitos, con hombres muriendo en ambos lados luchando por ganar el control durante todo el día. Se estima que los rusos perdieron un tercio de su mano de obra solo en ese día debido a los continuos ataques de artillería llevados a cabo por los mariscales Eugine, Ney y Davout, y los franceses también sufrieron enormes pérdidas, lo que hizo más evidentes los problemas logísticos y de inteligencia de Napoleón. Llegó al punto en que no dio la orden de perseguir al ejército ruso en retirada, que se había convertido en su costumbre habitual desde la guerra de la Tercera Coalición como una muestra de dominio de sus enemigos. Esto se debió principalmente a la incursión de cosacos que llevó a la legendaria unidad de caballería peligrosamente cerca del cuartel general de Napoleón, después de que Kutuzov decidió usar este ataque como una finta para la evacuación en curso con el objetivo de distraer la atención de Napoleón. Los rusos mostraron un espíritu indomable ese día con Kutuzov liderándolos. Su Guardia Imperial podría haber perseguido fácilmente a las fuerzas en retirada, ya que no había visto combates en la batalla, y según expertos históricos, podrían haberles causado un daño significativo. Pero la precaución prevaleció sobre la arrogancia, y el ejército ruso pudo retirarse de manera segura. Esta fue una retirada táctica, ya que los rusos habían estado evacuando a los civiles de la ciudad todo el día y además liberaron a los convictos que comenzaron a involucrarse en actos de vandalismo y ataques contra las fuerzas francesas. En total, los franceses tuvieron un menor número de víctimas en comparación con los rusos: se estima que, de las 75.000 vidas perdidas, 44.000 eran solo rusas, mientras que el resto eran francesas. Citando a la historiadora Gwynne Dyer, las muertes en la Batalla de Borodino y sus secuelas fueron como "un choque de un 747 completamente cargado, sin sobrevivientes, cada 5 minutos durante ocho horas". [2]

Napoleón capturó Moscú el 14 de septiembre y entró en conversaciones de paz con los rusos, esperando una rendición. Sin embargo, el zar Alejandro I se negó, lo que llevó a Napoleón a retirarse de Moscú después de cinco semanas de tomar la ciudad. Este evento se recuerda históricamente como la Gran Retirada, y resultó ser tan difícil como las batallas que enfrentó el ejército. El opresivo invierno ruso era algo a lo que los soldados no estaban acostumbrados, y combinado con las enfermedades que se propagaban desenfrenadamente por las filas y la falta de suministros, gran parte del ejército francés no llegó a casa.

El Gran Retiro también resultó ser desastroso, ya que, en su camino de regreso a casa, Napoleón intentó capturar a Kaluga para obtener recursos y suministros, lo que terminó convirtiéndose en el comienzo de la Batalla de Maloyaroslavets. El enérgico y bien equipado ejército ruso obligó a Napoleón a cambiar su estrategia de retirada, jugando directamente en el plan del mariscal de campo Kutuzov.

El ataque contra Kaluga comenzó con el hijastro de Napoleón, Eugène de Beauharnais, liderando el avance hacia la ciudad con un ejército de 20.000 hombres. Kutuzov creía que era una pequeña partida de búsqueda de informes de exploración y decidió enviar una pequeña unidad de 15.000 hombres de caballería e infantería con 84 armas para emboscarlos bajo el mando del general Dmitry Dokhturov. Cuando el general Dokhturov se dio cuenta de la propensión de la amenaza después de descubrir que los franceses ya estaban involucrados en la ciudad y que habían capturado la cabeza del puente, decidió mantener una posición defensiva en Maloyaroslavets hasta que el general Raevski llegó con 10.000 soldados de infantería adicionales. Kutuzov llegó al día siguiente, y comenzó una feroz batalla que culminó con la victoria de las fuerzas franco-italianas, a pesar de la llegada del apoyo. El ejército ruso finalmente se retiró, pero habían logrado una victoria estratégica al obligar al general francés a seguir la ruta a través de Smolensk para regresar a Francia después de este encuentro, lo que lo colocaría justo en medio del duro invierno ruso sin equipo y suministros en áreas que ya habían sido devastadas por las tácticas de tierra arrasada usadas previamente en la campaña. Adicionalmente a su problema, los ataques guerrilleros de las milicias locales siguieron debilitando al ejército francés en algo que ni siquiera se podía comparar con su antigua gloria cuando se lanzó por primera vez con visiones de riqueza y gloria en la campaña rusa. La campaña terminó formalmente cuando el último de los soldados franceses salió de Rusia el 14 de diciembre de 1812, después de cruzar el río Berezina.

Napoleón regresó con solo 27.000 soldados aptos, con 380.000 hombres muertos o desaparecidos y 100.000 capturados. Los rusos perdieron alrededor de 210.000, un número que era mucho menor que el del ejército francés, y debido a sus líneas de suministro más cortas, los números se reabastecieron rápidamente. Una vez que toda Europa vio al ejército francés de rodillas y a Napoleón completamente humillado, no pasó mucho tiempo hasta que muchos de los enemigos de Francia formaran una nueva coalición para finalmente derrotar a Napoleón.

La Guerra de la Sexta Coalición

Poco después del regreso de Napoleón a Francia, casi todos los países involucrados en las coaliciones anteriores formaron la Sexta Coalición. Esto incluía Austria, Prusia, Suecia y varios estados alemanes. Napoleón no era el tipo de soldado que seguía meditando, y centró su atención en la reconstrucción de su ejército para enfrentar la creciente amenaza que pronto se convertiría en la guerra de la Sexta Coalición. A los 2 meses de su regreso de Rusia, Napoleón acumuló un gran ejército de 400.000 hombres, que era más que suficiente para defender el Imperio francés bajo el mando de Napoleón, o eso pensó el gran comandante. La guerra de la Sexta Coalición se considera la caída de Napoleón antes de su último intento al final de su vida para recuperar su antiguo poder y gloria. Las tácticas defectuosas, la indecisión en el campo de batalla, la falta de inteligencia y la incompetencia de uno de sus Mariscales del Imperio más confiables, Michel Ney, que lo había acompañado en sus campañas iniciales contra los ejércitos de la Coalición, ayudó a contribuir con la caída de Napoleón para el final de la guerra de la Sexta Coalición. Otra gran razón, fue su falta de una caballería adecuada, que había jugado un papel importante en sus exitosas campañas anteriores.

Al principio, parecía que Napoleón tenía la ventaja, derrotando al ejército ruso entrante, que había lanzado un contraataque contra Francia después de reponer su ejército, y los prusianos en la batalla de Lützen el 2 de mayo de 1813 y la batalla de Bautzen, que tuvo lugar entre el 20 y el 21 de mayo. Napoleón logró infligir 40.000 bajas en las fuerzas de la Coalición. Aunque resultó victorioso en estas batallas, el gobierno y la influencia de Napoleón se redujeron a las fronteras de Francia después de que su hermano, José Bonaparte, perdiera la Batalla de Vitoria en junio de 1813, ya que Napoleón no tenía ni la mano de obra ni los recursos para mantener a las repúblicas hermanas que había creado para expandir el dominio francés. El 13 de agosto de 1813, Napoleón se dispuso a cruzar el Rin para derrotar a las fuerzas de la Coalición antes de que tuvieran tiempo suficiente para unirse contra él.

En la Batalla de Lützen el 2 de mayo de 1813, el ejército prusiano tuvo ventaja, ya que el mariscal de campo ruso Wittgenstein y el conde prusiano von Blücher tenían 73.000 hombres en reserva en el flanco derecho de Napoleón, del cual Napoleón no estaba al tanto debido a una inteligencia defectuosa. Esto permitió que las fuerzas conjuntas rusas y prusianas se retiraran con éxito, infligiendo más bajas al ejército de Napoleón que las que recibieron durante toda la batalla. En general, fue una pérdida estratégica para los ejércitos de la Coalición. La batalla principal tuvo lugar cuando el mariscal Ney, que estaba a la vanguardia, fue emboscado de repente. Ordenó a Ney que se retirara a Lützen, enviando refuerzos de Ney que tomaron posiciones defensivas alrededor de las aldeas que rodeaban la ciudad. Una vez que estuvieran listos, el resto de las fuerzas de Ney se retirarían hacia ellos, atrayendo a las fuerzas de la Coalición para atacar, que es cuando Napoleón lideraría la sección principal del ejército francés, que tenía 110.000 efectivos, en un contraataque contra el enemigo.

El plan funcionó perfectamente al principio, ya que los dos generales de la Coalición mordieron el anzuelo y concentraron sus esfuerzos en Ney, pero las 73.000 fuerzas ocultas de la Coalición en la derecha alteraron el plan de Napoleón. Efectuaron un contraataque, obligando a las fuerzas de Napoleón a detenerse, lo que permitió que el ejército principal comprometido con Ney se retirara una vez que los comandantes enemigos entendieran las verdaderas intenciones del general francés. Las fuerzas de la Coalición perdieron alrededor de 11.500 hombres (aproximadamente 8.500 prusianos y 3.000 rusos), mientras que Napoleón sufrió una pérdida de entre 19.500 y 22.000 soldados, que fue más de lo que esperaba perder.

Dieciocho días después de esta primera gran batalla de la guerra de la Sexta Coalición, la Batalla de Bautzen tuvo lugar entre el 20 y el 21 de mayo. Después de retirarse de la Batalla de Lützen, sus respectivos gobernantes ordenaron a los generales Wittgenstein y Blücher que se detuvieran en su retiro en Bautzen. A Napoleón le quedaban 115.000 soldados después de la última batalla, mientras que las fuerzas de la Coalición de Rusia y Prusia tenían casi 100.000 efectivos. Aunque Napoleón obtuvo una victoria estratégica en esta batalla, su objetivo principal de destruir a las fuerzas enemigas para hacerlas incapaces de llevar a cabo más guerras falló debido al comando ineficaz del Mariscal Ney.

Inicialmente, Napoleón comenzó con un bombardeo de artillería en las posiciones atrincheradas de la Coalición, que se habían formado en dos líneas defensivas para resistir el ataque de Napoleón. Sin embargo, estas posiciones se vieron comprometidas, y las fuerzas de la Coalición estaban al borde de la derrota sin una espacio para retirarse, tal como Napoleón quería. Desafortunadamente, dejó una abertura en el flanco izquierdo con sus agresivos ataques contra el enemigo en los otros dos lados. Repitió el mismo error al día siguiente, capturando la aldea de Preititz en lugar de cortar las fuerzas de la Coalición, permitiendo nuevamente que el enemigo se retirara. Sin embargo, ambas partes sufrieron grandes pérdidas, con los franceses perdiendo entre 20.000 y 22.000 hombres y los pruso-rusos perdiendo entre 11.000 y 20.000. A pesar de que los franceses ganaron Bautzen, el grueso de las fuerzas de la Coalición se escapó de manera segura, arrojando una llave inglesa en los planes de Napoleón.

El 2 de junio, los líderes de la Coalición solicitaron un armisticio de dos meses y medio conocido como Armisticio de Pleischwitz, que Napoleón se vio obligado a aceptar debido al fracaso de sus objetivos tácticos en sus últimas dos batallas, así como a la incertidumbre en la inteligencia enemiga y la falta de mano de obra. Napoleón esperaba reagrupar su ejército adecuadamente y obtener inteligencia sobre sus enemigos, pero, al final, fue la Coalición la que ganó la delantera gracias al armisticio. Los británicos no eran oficialmente parte de la Coalición, pero no tenían necesidad de serlo, ya que habían estado librando la guerra peninsular contra Napoleón desde 1807. Alrededor de la época en que Napoleón firmó el armisticio con las fuerzas de la Coalición, los británicos habían lanzado la campaña de Salamanca para crear presión sobre las fuerzas de Napoleón. Este fue el último vestigio de control que el ejército francés tuvo sobre la región cuando las fuerzas anglo-portuguesas los empujaron detrás de los Pirineos en una escaramuza tras otra en 1813 durante un período de dos meses. En este momento, los austriacos también se unieron a los rusos y los prusianos, viendo la oportunidad de hacer volver a los franceses, haciendo que la fuerza aliada fuera fuerte y numerosa con más de un millón en total solo en el teatro de guerra alemán. Napoleón, por otro lado, había acumulado un ejército de aproximadamente 650.000 hombres. El ejército francés ahora se mantenía casi tan fuerte numéricamente como cuando se lanzó a la campaña rusa del año anterior. Con las fuerzas en retirada del frente español, su ejército total ahora era de 900.000, considerablemente más débil que sus contrapartes de la Coalición por primera vez desde el comienzo de las guerras napoleónicas. Sin embargo, de este número total, Napoleón solo podía contar con la lealtad total de la mitad de ellos, ya que muchas de las fuerzas convocadas estaban ahora a punto de desertar a los Aliados, cansados de las constantes guerras que definieron el régimen napoleónico. Además de eso, la Coalición estaba llevando a cabo la campaña alemana donde estaban rompiendo las divididas confederaciones alemanas instaladas por Napoleón, que también constituían una gran parte de su poderío militar. Sin embargo, una ventaja táctica que Napoleón recuperó durante el armisticio fueron sus unidades de caballería compuestas por coraceros y dragones que le traerían su inesperada victoria en la próxima Batalla de Dresde, a pesar de la gran diferencia en la fuerza numérica entre los ejércitos francés y de la Coalición.

Después de que terminó el período del armisticio en agosto, el primer conflicto que tuvo lugar fue la Batalla de Dresde, donde el ejército más pequeño de Napoleón obtuvo una victoria abrumadora sobre los ejércitos superiores en número de la Coalición. Sin embargo, fue una derrota estratégica para ellos, ya que siguieron con el Plan Trachenberg, que lleva el nombre de donde tuvo lugar una conferencia durante el armisticio. El plan requería evitar el conflicto directo con Napoleón y destruir su ejército al derrotar o burlar estratégicamente a su ejército y oficiales al mando relativamente inexpertos, que no eran los veteranos que Napoleón había acumulado lentamente durante su conquista de una década en varias campañas exitosas, ya que había perdido la mayoría de ellos antes o durante la campaña rusa. Jean Baptiste Bernadotte, que ahora era el príncipe heredero Carlos XIV Juan de Suecia, era un ex mariscal de Napoleón cuya desaprobación de los métodos de Napoleón lo despojó nuevamente de su estatus militar. Sabía exactamente cómo Napoleón planeó sus estrategias. El conde Radetzky von Radetz también ayudó mucho a Bernadotte, lo que permitió al ejército aliado superar a Napoleón con éxito por primera vez en su carrera.

Antes de la Batalla de Dresde, que tuvo lugar entre el 26 y el 27 de agosto, Napoleón ordenó la captura y fortificación de la ciudad, que era un punto estratégico importante en el teatro de guerra alemán.

Esperaba cortar las fuerzas de la Coalición de sus líneas de suministro y dar el golpe principal a las fuerzas enemigas cuando comenzaran a enfocar su ataque en la ciudad. En cambio, las fuerzas de la Coalición enfrentaron a los comandantes de Napoleón en la Batalla de Großbeeren, donde el Príncipe Heredero Carlos de Suecia derrotó a su ex camarada el Mariscal Charles Oudinot en la batalla, dando un duro golpe al comando estratégico de Napoleón. El mariscal Blücher de Prusia siguió poco después con su propia victoria sobre el mariscal Jacques MacDonald en la Batalla de Katzbach, que también resultó ser uno de los mayores conflictos de las guerras napoleónicas, involucrando a más de 200.000 hombres en total durante 5 días seguidos, terminando con la batalla principal el 26 de agosto de 1813. La batalla de Dresde también comenzó el mismo día que la batalla de Katzbach cuando Karl Philipp, Fürst zu Schwarzenberg de Austria, Francisco II del Sacro Imperio romano, Alejandro I de Rusia y Federico Guillermo III de Prusia se movieron todos juntos para atacar las tropas del mariscal Saint-Cyr. Observando los movimientos de la Coalición, los franceses comenzaron sus fortificaciones para la próxima batalla mientras esperaban que Napoleón llegara para dirigir el flujo de la batalla. El general mismo rompió las fuerzas de la Coalición con un momento inesperado, recuperando casi toda la posición de Saint-Cyr al anochecer. Al día siguiente, Napoleón ganó otra escaramuza en el flanco izquierdo, derrotando al ejército aliado superior en número, en una brillante victoria. El clima lluvioso y húmedo del campo de batalla funcionó en beneficio de Napoleón cuando los ejércitos de la Coalición no pudieron disparar sus mosquetes, causando una gran cantidad de bajas por parte de la caballería francesa, encabezada por el mariscal Joachim Murat, responsable de la captura de 13.000 soldados. Pero el enemigo había eludido nuevamente a Napoleón, en lugar de darle la victoria decisiva total que tan desesperadamente deseaba.

Dos días después, tuvo lugar la Batalla de Kulm, que duró entre el 29 y el 30 de agosto. Esta batalla marcó la segunda derrota para los franceses durante la guerra de la Sexta Coalición cuando el general Dominique Vandamme se acercó a la ciudad bajo las órdenes de Napoleón de interceptar a las fuerzas de la Coalición en retirada, lo que resultó en grandes pérdidas en ambos lados y una derrota final para las fuerzas de Vandamme.

La batalla de Kulm fue un punto de inflexión en la guerra. Si el general Vandamme lograba acuartelar a Kulm, las fuerzas de la Coalición quedarían atrapadas entre los dos ejércitos franceses. Inicialmente, el ejército de la Coalición tomó una posición defensiva cuando el General Vandamme atacó la ciudad, pero por un inesperado giro del destino, llegó la ayuda para las fuerzas de la Coalición fortificada en el segundo día de la batalla cuando las fuerzas prusianas, bajo el mando de Friedrich von Kleist, desgarraron la retaguardia del ejército francés, obteniendo una victoria decisiva e importante que determinaría el destino de los grandes planes de Napoleón.

Si la Batalla de Kulm fue la batalla que inclinó la balanza, entonces la batalla decisiva de la guerra de la Sexta Coalición tuvo que ser la Batalla de Leipzig, también conocida comúnmente como la Batalla de las Naciones, ya que casi todos los principales países europeos tomaron parte de esta guerra épica e histórica que dio forma a la historia de Europa durante los 100 años siguientes. La batalla comenzó el 16 de octubre de 1813 y continuó hasta el 19 de octubre. Esta es considerada la batalla más grande de Europa antes de la Primera Guerra Mundial, e involucró a 600.000 soldados y 2.200 unidades de artillería, con un número total de bajas de 127.000.

Las fuerzas de la Coalición tenían un total combinado de 380.000 tropas con 1.500 cañones de artillería. El emperador francés, por otro lado, fue superado en número en todos los sentidos, comenzando por su ejército central de 160.000 soldados, que en su mayoría estaba formado por soldados sin experiencia. También tenía casi la mitad del poder de artillería de sus enemigos. Sin embargo, combinando sus fuerzas con las de sus aliados italianos, polacos y alemanes, el ejército de Napoleón se situó en 225.000 soldados, lo que hizo la diferencia en números un poco mejor.

La batalla de Leipzig tuvo lugar cerca de los ríos Pleisse y Parthe, que ofreció a sus fuerzas numéricamente inferiores el lujo de cambiar fácilmente de sector entre las cuatro áreas terrestres divididas por la intersección de los dos ríos. El número excesivo de los ejércitos aliados no les permitiría seguir la misma estrategia que siguió Napoleón. Otra ventaja que finalmente no fue útil para Napoleón fue la diferencia de opiniones con respecto a las tácticas generales de batalla en el comando de la Coalición, que estaba compuesto por el zar Alejandro I de Rusia, el rey Federico Guillermo III de Prusia y el emperador Francisco I de Austria. Los monarcas rusos y austriacos no pudieron ponerse de acuerdo sobre una estrategia de batalla al principio, y por increíble que parezca, cada uno llevó a cabo sus propias estrategias de batalla individuales. La principal disputa sobre su desacuerdo fue la decisión inicial de atacar la posición de Napoleón desde ambos lados, que fue redactada por los veteranos tácticos de la Coalición, el Príncipe Volkonsky de Rusia, Gerhard von Scharnhorst de Prusia, Johan Christopher Toll de Suecia y Karl Friedrich von dem Knesebeck de Prusia. El plan implicaba un ataque simultáneo en dos frentes desde el flanco izquierdo y derecho sobre la base de suministros de Napoleón, que el zar ruso rechazó, señalando que no permitía maniobras de flanqueo también. Entonces, los comandantes decidieron dividir el campo de batalla, con el monarca ruso eligiendo el norte y el resto de las fuerzas de la Coalición cuidando el lado sur. Aunque el monarca ruso no lo admitiera, Alejandro era más inexperto en asuntos de guerra; sin embargo, lo que pronosticó como un hueco o laguna en los planes de la Coalición resultó ser cierto, y condujo a un conflicto prolongado en el sur mientras sus propias fuerzas siguieron un plan diferente ejecutado por Blücher. El plan de los rusos se desarrolló bastante bien, ya que se afianzaron en posiciones defensivas en Möckern y Lindenau, y lograron un gran éxito al evitar que los franceses se hicieran cargo de Gulden Gossa, una posición estratégica importante en el lado sur donde estaban las fuerzas de la Coalición luchando con uñas y dientes.

Con las fuerzas divididas, comenzó el conflicto principal, que fue uno de los más sangrientos en la historia europea en la era anterior a la Guerra Mundial. Las batallas se libraron en múltiples frentes debido a la división topográfica de la masa terrestre. El primer día de la guerra, la mayor parte de la acción se había concentrado cerca de Dolitz, Markkleeberg, Liebertwolkwitz, Möckern, Lindenau y Wachau. La acción austriaca y prusiana en Dolitz y Markkleeberg terminó en pérdidas para los franceses, mientras que el ataque ruso en el sur de Wachau terminó en un fracaso ya que los franceses tomaron por sorpresa a las fuerzas conjuntas rusas y prusianas. Sin embargo, Blücher tuvo un tremendo éxito en Möckern, eliminando por completo las fuerzas y la resistencia francesas. La acción en Lindenau separó a Napoleón de las tropas que tanto necesitaba para atacar al cuerpo principal del enemigo, ya que en su lugar reforzó las defensas en Lindenau, lo que perjudicó al ejército francés en general, demostrando que las intuiciones de Alejandro I eran correctas y que mantenían las fuerzas de Napoleón divididas y separadas y, por ende, fueron el mejor curso de acción.

Al ver los resultados del primer día de la batalla y la lógica en la perspectiva del monarca ruso, Schwarzenberg elaboró un nuevo plan que dividió las fuerzas en grupos individuales con tareas individuales independientes entre sí para atacar a Napoleón y cortar su camino de retirada, asegurando que hubiera una gran cantidad de reservas en caso de que Napoleón tuviera refuerzos ocultos, una táctica que había ayudado en la mayoría de las victorias de la Coalición hasta ahora. La caballería rusa y la Guardia Imperial, junto con la Guardia Imperial de Austria, fueron enviados a la ciudad de Rotha como reserva, mientras que los granaderos y coraceros del ejército austríaco debían marchar a lo largo del río para interrumpir el ejército de Napoleón con Blücher acercándose desde el norte con sus fuerzas a la posición de Napoleón.

El segundo día, solo había dos escaramuzas importantes con ambos lados esperando que los refuerzos se unieran a ellos. Las fuerzas de la Coalición fueron reemplazadas por una fuerza superior de 145.000 hombres, mientras que Napoleón solo tenía 14.000 hombres que habían llegado para apoyarlo. El ejército francés sufrió durante las dos escaramuzas más importantes del día, la primera en la aldea de Gohlis, donde estaban estacionados los aliados polacos de Napoleón. El ataque fue dirigido por el general ruso Sacken. La segunda escaramuza fue entre las caballerías de los dos ejércitos, que eran la Segunda División de Húsar rusa del general Lanskoy y el III cuerpo de caballería del general Arrighi. Lanskoy pasó a las órdenes del mariscal de campo Blücher, quien había sido promovido debido a su inmenso éxito el día anterior, y atacaron a la caballería francesa bajo el mando del general Arrighi.

En el tercer día de la batalla, el 18 de octubre, el monarca francés envió una propuesta de armisticio a través del general Von Merveldt, que había sido capturado el primer día de la Batalla de las Naciones. Naturalmente, los monarcas declinaron el armisticio y comenzaron el proceso de rodear al ejército francés. La mayor parte de la acción del tercer y penúltimo día de la batalla se centró en Probstheida, Paunsdorf y Schönefeld. La escaramuza más sangrienta y feroz tuvo lugar en Probstheida, donde las fuerzas del general Barclay de Tolly marchaban para asediar la ciudad. Los franceses se defendieron ferozmente, y con sus defensas bien fortificadas, también tenían ventaja. Los jägers prusianos se hicieron cargo, pero fueron golpeados por los franceses. Sin embargo, tres asaltos posteriores tuvieron lugar después de esto, lo que agotó completamente los suministros de la fuerza francesa y redujo drásticamente su número. Aunque la acción que tuvo lugar en Paunsdorf y Schönefeld no fue tan feroz como la de Probstheida, donde la acción fue más intensa. A lo largo del día, muchos aliados de Napoleón lo abandonaron, causando rápidas derrotas francesas en Paunsdorf y Schönefeld. El ejército sueco también participó en la refriega final bajo el mando del príncipe heredero Carlos, el ex mariscal de Napoleón cuyos jägers mostraron una valiente exhibición con una pérdida mínima de 121 hombres. Al anochecer, el ejército francés, una vez temido y venerado en toda Europa, comenzó su retirada desesperada a Francia en un estado miserable junto con Napoleón.

Unos pocos de los Mariscales de Napoleón, incluidos Oudinot, MacDonald y Józef Antoni Poniatowski, un príncipe polaco que fue ascendido a Mariscal en la víspera de la retirada, cubrió la retirada del ejército francés, que comenzó a retirarse de todas las posiciones principales en la oscuridad. de la noche hasta el día siguiente. Esta fue una orden que llevaron a cabo valientemente hasta el amargo final de la guerra al día siguiente, el 19 de octubre. Los ejércitos de la Coalición, una vez que supieron de la retirada, no mostraron piedad, quizás debido al hecho de que habían sufrido diez veces más a manos del ejército de Napoleón durante casi dos décadas. Leipzig todavía tenía defensas considerables que fueron fortificadas por los restantes Mariscales, lo que hizo difícil para las fuerzas de Coalición llegar al puente por el cual el ejército francés se retiraba difícil, a pesar de ser los claros vencedores de la Batalla de Leipzig. Las fuerzas del mariscal Oudinot, que suman 30.000 hombres, planearon luchar hasta la muerte en las calles si fuera necesario para proteger la retirada francesa.

La retirada de Napoleón continuó sin problemas hasta que ocurrió un problema por falta de comunicación en la cadena de mando francesa casualmente, lo que le costó caro al Ejército francés en retirada. La orden de demoler el puente pasó del general Dulauloy al coronel Montfort y de este último a un cabo. Este cabo no tenía muchos detalles vitales de la orden, incluido el momento de la explosión. Entonces, el apresurado cabo voló el puente alrededor de la 1 p. m., matando a miles de soldados franceses y permitiendo capturar a miles en el pánico y la confusión que ocasionó. Esta apresurada detonación también cortó la retirada de Oudinot para unirse a las fuerzas principales al anochecer. Oudinot logró cruzar el río nadando, pero fue uno de los pocos afortunados que se ahogaron al intentar cruzar el río. Esto también marcó la pérdida de Napoleón de sus últimos aliados, Dinamarca y Noruega.

Después de la vergonzosa retirada, Napoleón ya no era la temida figura militar que alguna vez fue. El zar Alejandro I aprovechó esta oportunidad para instigar a los otros miembros de la Coalición a llevar la guerra a Francia y acabar con Napoleón de una vez por todas. Los ejércitos de la Coalición persiguieron a los franceses en retirada, solo para ser sorprendidos en Hanau, donde el ejército del Reino de Baviera intentó emboscar a los franceses, quienes pelearon ferozmente durante cuatro días infligiendo grandes pérdidas a las fuerzas de la Coalición, dándole a las fuerzas francesas y a Napoleón tiempo más que suficiente para retirarse a Francia. De vuelta en Francia, Napoleón sabía muy bien lo que venía y comenzó a prepararse para los próximos ataques de la Coalición en suelo francés. Sin embargo, la columna vertebral de su fuerza campesina se perdió y las fuerzas francesas estaban hechas añicos.

En marzo de 1814, la Coalición comenzó su invasión de Francia. El ejército francés estaba a la defensiva ahora, con extranjeros invadiendo el suelo francés, y en una serie de batallas defensivas las fuerzas de la Coalición condujeron a los franceses a París, de forma similar a la forma en que las fuerzas aliadas llegaron a Berlín en la Segunda Guerra Mundial. Las fuerzas de la Coalición se apoderaron de París el 30 de marzo de 1814, después de una dura campaña de los seis días, que fue la última concentración de Napoleón en defensa contra la Coalición. Aunque ganó múltiples batallas importantes contra el ejército invasor de la Coalición, incluida la Batalla de Champaubert, la Batalla de Montmirail, la Batalla de Château-Thierry y la Batalla de Vauchamps, utilizando algunas de las tácticas más complejas de su carrera, finalmente resultó en una derrota general una vez que se quedó sin suministros y trató de retirarse a Fontainebleau para reagruparse. Una semana después de que los Aliados tomaron París, el 6 de abril de 1814, Napoleón finalmente se dio cuenta de que tenía que enfrentar la realidad y abdicó. Fue condenado al exilio en la isla de Elba.

Los enemigos de Napoleón habían logrado una gran victoria que redibujó las fronteras del mapa europeo, pero los efectos de los principios administrativos de Napoleón, incluido el Código Napoleónico, perduraron mucho más tiempo después de su muerte. Una vez que se hicieron cargo de Napoleón, la monarquía fue reinstalada en Francia, y Luis XVIII se convirtió en el Rey de Francia, heredando el papel de su hermano como monarca antes de la Revolución francesa. Todo habría vuelto lentamente a la normalidad, excepto por el hecho de que Napoleón decidió hacer otro esfuerzo por el poder que creía que merecía. Después de cumplir diez meses de su condena, comenzó la guerra final de su carrera.

La Guerra de la Séptima Coalición

La última de las guerras napoleónicas, la guerra de la Séptima Coalición, comenzó después de que Napoleón escapó de Elba y se dirigió a París, reuniendo partidarios en su camino. Una vez que llegó a París, depuso al rey recientemente restaurado y reclamó la corona para sí mismo. Esto llevó a los países de la Sexta Coalición a unirse nuevamente contra Napoleón. Después de su golpe, Napoleón reunió una fuerza de 280.000 hombres, más los hombres que se unieron a él durante su marcha en París, y planeaba llegar a 2.5 millones de soldados más, aunque esto nunca sucedió. También recuperó lo que quedaba de los veteranos de sus campañas anteriores también. Con esta miserable fuerza, se enfrentó a las fuerzas de la Coalición, que sumaban unos 700.000 hombres y que incluían a la armada británica superior, cansada pero lista para la batalla, recién llegada de la guerra peninsular que terminó el año anterior.

El primer punto de ataque de Napoleón fue Bélgica, donde golpeó preventivamente a los prusianos con unos 124.000 hombres, lo que llevó a la Batalla de Ligny el 16 de junio de 1815. La primera fase, como la guerra anterior que condujo a su caída, fue exitosa: Napoleón expulsó con éxito a los prusianos y británicos. Napoleón dirigió la carga de su Armée du Nord (Ejército del Norte) junto con el mariscal Michel Ney, quien obligó a Arthur Wellesley, primer duque de Wellington, a regresar a una aldea a unas pocas millas al sur de Waterloo, que llegaría a ser la última gran batalla de Napoleón, así como la última batalla de la guerra de la Séptima Coalición. Una vez que tanto los británicos como los prusianos se retiraron, Napoleón ordenó una ofensiva montada contra los británicos y los prusianos al mismo tiempo para evitar que se reagruparan.

Pero hubo un problema con este plan. Sin que Napoleón lo supiera, ya se estaban reagrupando en el pueblo de Wavre. El mariscal Emmanuel de Grouchy se encargó de derrotar a los prusianos, mientras que Napoleón decidió perseguir a los británicos junto con el mariscal Ney. El fracaso del mariscal Grouchy, debido a los errores de cálculo de Napoleón, fue una de las principales razones de la derrota de Napoleón en la Batalla de Waterloo. Aunque Grouchy salió victorioso en la Batalla de Wavre, el daño que causó no valió la pena. No solo los refuerzos no llegaron a tiempo a Napoleón, sino que la batalla también permitió a los prusianos reforzar las fuerzas británicas con 72.000 tropas en la Batalla de Waterloo.

Una vez que Wellington tuvo la seguridad de que los prusianos recibían ayuda, dejó de retirarse y se mantuvo firme en el acantilado de Mont-Saint-Jean, soportando múltiples asaltos franceses antes del comienzo de la Batalla de Waterloo. Esa fatídica batalla se libró el 18 de junio de 1815. Napoleón se enfrentaba a las fuerzas prusianas y británicas dirigidas por Wellington y el mariscal de campo Blücher, el hombre que se considera responsable de la derrota de Napoleón en las batallas de la guerra de la Sexta Coalición. Napoleón tuvo dificultades para perseguir a las fuerzas de Wellington por tierra debido al mal tiempo, que hacía que el suelo estuviera resbaladizo y difícil de caminar. Napoleón tenía un total de 48.000 soldados de infantería junto con 14.000 soldados de caballería, todos veteranos experimentados que quedaban del ejército de sus campañas militares anteriores. Las unidades de caballería cumplieron bien su propósito, debido al mal tiempo que ralentizaba a la infantería.

Antes de que llegaran los refuerzos prusianos, las fuerzas de la coalición de británicos y prusianos eran de 67.000 hombres, casi el mismo número que el ejército de Napoleón. Pero el problema era la coordinación del comando. Los comandantes de Wellington no fueron elegidos por él, y la unidad de caballería que más necesitaba para enfrentar las fuerzas de Napoleón estaba bajo el mando del conde de Uxbridge, Henry Paget, quien tenía autoridad del duque de York para decidir sus propios planes de batalla a pesar de ser el segundo de Wellington al mando. Afortunadamente, sus aliados prusianos estaban bien organizados y dispuestos a coordinarse con él, lo que condujo a la gloriosa victoria de la Coalición en la Batalla de Waterloo.

La batalla comenzó con Napoleón atacando Hougoumont, una casa de estado convertida en un puesto militar, que fue ocupada por los británicos. El ataque inicial francés se encontró con fuego supresor de la artillería británica, lo que obligó a los franceses a retirarse y contraatacar con su propia artillería. El ataque comenzó, según algunas fuentes, alrededor de las 11:30 a. m. y continuó hasta la tarde cuando Napoleón ordenó que la casa fuera incendiada y arrasada después de no poder capturarla a pesar de los repetidos ataques. En las memorias de Wellington se establece:

> "Yo había ocupado ese puesto con un destacamento de la brigada de guardias del general Byng, que estaba en posición en la retaguardia; y pasó algún tiempo bajo el mando del teniente coronel MacDonald y luego del coronel Home; y me complace agregar que se mantuvo, durante todo el día, con la mayor galantería de estas valientes tropas, a pesar de los repetidos esfuerzos de los grandes cuerpos del enemigo para obtener posesión de él". [3]

La batalla nunca tuvo la intención de ser tan grande, y muchos historiadores piensan que en realidad fue un ataque de diversión de

Napoleón que se salió de control debido a la ferocidad con la que los británicos lo defendieron. Esto hizo que Napoleón pensara que era un punto clave para ganar la guerra, lo que provocó que los franceses desviaran sus recursos de artillería allí para el contraataque después de ser inicialmente derrotados. Wellington también hizo lo mismo y fortificó sus unidades de artillería para asegurar Hougoumont. Cuando Napoleón vio que el ejército prusiano se acercaba y que Grouchy debía mantenerse alejado de Waterloo, cambió el rumbo de la batalla contra él. Napoleón siguió hacia adelante, atacó a los británicos y trasladó las líneas de batalla a La Haye Sainte, que era una granja ubicada en la carretera Charleroi-Bruselas en la actual Bélgica, después de hacer un buen uso de su caballería contra el rebelde segundo al mando de Wellington. Uxbridge, dirigió una carga de caballería desde la retaguardia de las fuerzas de Napoleón y podría haber tenido buenos resultados si no hubiera actuado independientemente contra los planes y la formación de su comandante.

Mientras el ejército británico se enfrentaba a la peor parte del ataque de Napoleón, las fuerzas prusianas y otras fuerzas británicas estaban aprovechando al máximo el tiempo disponible para organizarse y derrotar a las fuerzas de Napoleón desde la retaguardia, lo que resultó ser efectivo. El IV Cuerpo de Prusia ocupó Plancenoit al principio, pero el general Lebou, bajo el mando de Napoleón, recuperó la aldea después de una feroz lucha que duró hasta el anochecer. Mientras las fuerzas de Napoleón estaban ocupadas con la escaramuza en Plancenoit, el 1 Cuerpo Prusiano, dirigido por el General Zieten, flanqueó a las fuerzas de Napoleón desde la parte posterior, cortando su camino de retirada mientras unía fuerzas con otras unidades para el asalto final. Esto impulsó a Napoleón a usar su Guardia Imperial, que había estado reteniendo como unidad de reserva. Esta fue la mayor escaramuza en la Batalla de Waterloo, y Napoleón dirigió a la Guardia Imperial, organizándolos en batallones de formación cuadrada. Ney estaba liderando el asalto, pero la incompetencia, una vez más, fue una de las principales razones de la derrota de Napoleón en la Batalla de Waterloo. Al principio, la batalla estaba en un punto muerto con ambos bandos luchando ferozmente sin ceder, pero el general Chassé del ejército holandés finalmente rompió el estancamiento con un abrumador fuego de artillería conducido por el Capitán Krahmer de Bichin, rompiendo las filas de la Primera y Tercera división de granaderos de la Guardia Imperial en el flanco izquierdo. El flanco medio de la Guardia Imperial pronto también se tambaleó, ya que Ney estaba montando una carga en el flanco derecho en lugar del centro como estaba planeado, dejando el flanco medio sin liderazgo. Cuando Napoleón envió al coronel Crabbé para comunicarse con Ney y cambiar el curso de acción, ya era demasiado tarde. Todo el ejército francés estaba en retirada.

La Batalla de Waterloo terminó con la derrota de Napoleón, y abdicó nuevamente al trono. Luis XVIII fue restaurado al trono, y Napoleón fue exiliado una vez más, esta vez a Santa Elena, una isla en el Océano Atlántico Sur. Murió allí el 5 de mayo de 1.821, a la edad de 51 años. La causa de su muerte ha sido debatida a lo largo de los años. Algunos creen que murió de una úlcera o cáncer, mientras que otros piensan que puede haber sido envenenado por arsénico.

El final de la Batalla de Waterloo y la segunda abdicación de Napoleón cambiaron la escena política de Europa en los años venideros, de lo que hablaremos a continuación.

Capítulo 8: La perspectiva sociopolítica británica de Las guerras revolucionarias francesas y las guerras napoleónicas

Al igual que su contraparte asiática de Japón, Gran Bretaña también es una nación insular, separada del continente por el canal británico. Como resultado, su existencia pacífica dependía mucho de una Europa continental caótica para que los rescoldos de la guerra no llegaran a sus costas llevados por muchos de los grandes países europeos como España, Rusia o Portugal. Estas fuerzas podrían aplastar a la nación isleña fácilmente si se aliaran. Históricamente, la armada británica fue un fuerte disuasivo para que otros países no se entrometieran con ellos, pero la nación no era de ninguna manera inexpugnable. Por esta misma razón, tenía un interés personal en las guerras revolucionarias francesas desde el comienzo de la Revolución francesa por dos razones: Francia era su principal oponente, y una Europa dividida serviría bien a los intereses británicos en la política europea.

Durante la víspera de la Revolución francesa en 1789, Europa colgaba de un delicado equilibrio de poder entre el Imperio otomano, Rusia, Austria, los Borbones y los Habsburgo, el cual fue desplazado por las guerras revolucionarias francesas. Antes de eso, Gran

Bretaña no tenía un pilar en la lucha por el poder político europeo, ya que estaba aislada del continente. Todas estas grandes potencias, aparte de Francia, se vieron envueltas en guerras y ocupadas esculpiendo territorios en países pequeños como Polonia, Baviera e Italia. Pero una vez que los principios revolucionarios franceses se extendieron como un reguero de pólvora en muchos de estos países feudales que habían estado gimiendo bajo la opresión de la monarquía feudal durante siglos, los teatros de guerra cambiaron rápidamente, ya que muchos de estos países comenzaron a ayudar al ejército francés a luchar contra estos grandes poderes políticos. Esto fue atribuido a las primeras victorias de Francia en las guerras revolucionarias francesas. Los franceses fueron vistos como héroes por muchos de estos países más pequeños, lo que permitió a los franceses crear fácilmente repúblicas hermanas y un período revolucionario en Europa que arrojó al continente entero al caos. Mientras tanto, los británicos estaban observando desde la distancia todos estos eventos que cambiaban el mundo.

A pesar de que las guerras revolucionarias francesas no llegaron a las costas de Gran Bretaña, la monarquía británica despreciaba la idea misma de los principios de revolución recién descubiertos, ya que serían una gran amenaza para su poder colonial, lo que resultaría ser una gran amenaza para el Imperio británico que solo era fuerte cuando se combinaba con el poder comercial de sus colonias. Por lo tanto, los británicos comenzaron a brindar apoyo contra los franceses, lo que comenzaron a hacer abiertamente durante la guerra de la Segunda Coalición cuando usaron su fuerza naval para acorralar a Napoleón junto con muchos puntos navales estratégicos de Francia a través de su armada superior y poderosa. Este conflicto luego se convirtió en la base de las guerras napoleónicas, que se detuvieron temporalmente después del Tratado de Amiens en 1802, cuando Francia e Inglaterra fueron los únicos jugadores clave restantes de la guerra de la Segunda Coalición. Esto marcó el comienzo de las guerras de la Tercera, Cuarta, Quinta, Sexta y Séptima Coalición que continuaron durante una década, desde 1803 hasta 1815. Todas estas Coaliciones fueron de corta duración, con los británicos como los únicos lazos comunes entre el centro comercial. Los británicos eran astutos y sabían que, en términos de números absolutos, no serían rival para el poderío militar de Napoleón, ya que toda su nación era una máquina militar en sí misma, produciendo tantos soldados como Napoleón necesitaba mientras lograra la gloria militar y nuevos territorios. Entonces, lo que hicieron los británicos fue financiar constantemente a los rivales militares y políticos de Napoleón para reducir poco a poco el poderío militar de Napoleón. Si un ejército carecía de suministros, los británicos les proporcionaban cualquier requerimiento que necesitaran, ya fuera armas, balas, botas o suministros de alimentos. Los británicos apoyaron las campañas militares contra Francia en todas las formas posibles, comenzando en la segunda mitad de la Revolución francesa. Las guerras también fueron buenas para la economía británica: un número creciente de ejércitos y naciones comenzaban a depender del comercio británico para apoyar sus estructuras civiles, reforzando la riqueza de Gran Bretaña, que luego les permitió llenar generosamente los cofres de la guerra durante las guerras napoleónicas.

Capítulo 9: Causas de la Caída de Napoleón

Si bien Napoleón era un oficial militar astuto y capaz, su arrogancia ante sus éxitos lo hizo demasiado orgulloso, lo que atentó en contra de su propio bien. Es cierto que, como guerrero y líder, maduró a lo largo de los años, comenzando desde sus campañas durante la Revolución francesa hasta las numerosas guerras que se libraron durante las guerras napoleónicas. Pero cometió muchos errores de cálculo en el camino, volviéndose demasiado codicioso y creando enemigos innecesarios que podría haber evitado si hubiera sido más sensato. La mayoría de los historiadores están de acuerdo en que su primer error político fue la traición de España y la aplicación del Sistema Continental sobre ellos. Poner sus ojos en el territorio español con abundantes suministros y botines cuando los españoles comenzaban su propia rebelión similar a la Revolución francesa fue una idea terrible. Al tratar de enfrentarse a un ejército que estaba acostumbrado a la guerra de guerrillas en lugar de la guerra de campo abierto en la que se especializaron los franceses, Napoleón se vio obligado a enfrentar pérdidas a largo plazo durante su corta campaña española para sofocar la rebelión española. Esta campaña también continuó agotando los recursos militares franceses durante todo el período de la guerra peninsular, una guerra que los británicos ganaron brillantemente con sus cohortes españolas y su poder naval superior. A eso se sumaba su innecesaria crueldad y uso de la violencia para subyugar sus tierras conquistadas, lo que enfureció a muchos a lo largo de su carrera militar. Para un hombre que predicó y usó el lema "Igualdad, libertad y fraternidad" para justificar sus guerras y su papel de libertador en lugar de invasor, se tomó la atribución de conceder la libertad de las regiones "liberadas" saqueando y despojando y cometiendo asesinatos en masa de prisioneros y civiles, que muchos de sus admiradores esconden en sus libros de su historia.

Un ejemplo de esto, lo constituyen las siguientes órdenes escritas de Napoleón a un comandante en Hesse que estaba sofocando una revuelta:

> "Mi intención es que la aldea principal donde comenzó la insurrección sea quemada y que treinta de los cabecillas sean fusilados. Se necesita un ejemplo impresionante para contener el odio del campesinado y de ese soldado. Si aún no ha dado un ejemplo, deje que haya uno sin demora [...] No deje pasar el mes sin la aldea principal, el distrito o la pequeña ciudad que dieron la señal de la quema de la insurrección y la gran cantidad de personas que recibieron disparos. [...] Se deben dejar rastros en los cantones que se han rebelado".

Para ser honesto, sin embargo, esto no es totalmente inesperado para un hombre que alcanzó las alturas de la fama en primer lugar disparando a su propia gente, y más tarde refiriéndose al hecho sin darle ninguna importancia, como "disparar una bocanada de uvas" contra los desarmados manifestantes que eran simplemente civiles.

Su segundo error más grande, que está directamente relacionado con su caída, es la desastrosa invasión de Rusia, que destrozó tanto al ejército de Napoleón que nunca volvió a su plena eficiencia en las siguientes guerras y escaramuzas. Además de eso, está el hecho de que sus enemigos habían aprendido mucho de sus muchas victorias, lo cual se hizo evidente por primera vez en 1809 en la Batalla de Wagram. Los rusos se alimentaron de su codicia de capturar tierras y redujeron su ejército lentamente a medida que avanzaba más y más en el corazón de Rusia, haciendo que su victoria en Moscú fuera en blanco, ya que no podía ocupar y controlar los territorios invadidos con el ejército cansado y destruido que tenía, lo que causó finalmente que se retirara a Francia avergonzado.

Su tercer gran error fue volver inmediatamente a la guerra después de la campaña rusa para enfrentar a la Sexta Coalición en lugar de consolidar su poder y renovar sus lealtades con las repúblicas hermanas que ayudó a crear. Estas repúblicas finalmente terminaron traicionándolo al final de la guerra de la Sexta Coalición. La tensión en su tesorería y la falta de aliados confiables disminuyeron su influencia política y militar después de su derrota pública en Rusia, lo que había demostrado a Europa que Napoleón ya no era tan invencible como lo había demostrado ser, en sus numerosas victorias militares en el pasado.

Su error final fue la falta de su atención en casa, de la que había permanecido alejado durante la mayor parte del tiempo durante las guerras napoleónicas. Sus victorias militares fueron útiles para mantener el apoyo de su lado en casa, pero la burguesía francesa, que facilitó su ascenso al poder en primer lugar, se estaba cansando de los juegos de guerra de Napoleón, especialmente después de la campaña rusa. Originalmente, esta nueva clase de élite había tenido la intención de que Napoleón fuera el hombre para consolidar su estatus y riqueza y legitimar su influencia en la sociedad, lo que hizo hasta cierto punto al instaurar el Código Napoleónico y reintroducir la Iglesia en la sociedad dominante. Sin embargo, la guerra fue una amante cruel que vació sus bolsillos mientras Napoleón perseguía sus nobles ambiciones con resultados decrecientes. En consecuencia, no pasó mucho tiempo después de la primera abdicación de Napoleón para que la burguesía aceptara fácilmente a Luis XVIII con una sonrisa en sus caras, entendiendo que la era de Napoleón había terminado y que solo apoyando a la nueva monarquía podrían esperar retener su estatus y riqueza que el nuevo monarca necesitaría indudablemente en su nuevo mandato.

A pesar de todas las probabilidades, las brasas de la Revolución francesa nunca se extinguieron, y el sistema de clases recién formado establecido por Napoleón allanó el camino para el capitalismo moderno, que se extendió por Europa durante el período histórico después de las guerras napoleónicas, y que se conoce como "El concierto de Europa". En muchos sentidos, los errores de Napoleón allanaron el camino para la abolición del feudalismo que no podría haber sido posible de otra manera. Cada conquista emprendida por Napoleón se realizó bajo la bandera de la libertad, que finalmente plantó las semillas de movimientos nacionalistas de masas en todos los territorios que Napoleón había ocupado. Entonces, en cierto modo, sus errores fueron bendiciones disfrazadas, ya que ayudaron a dar forma al futuro de Europa de una manera que los intelectuales, monarcas e ideólogos de la época no podrían haber predicho.

Conclusión

Como se dijo anteriormente en varias oportunidades, el escenario geopolítico en Europa experimentó un cambio radical después de las guerras napoleónicas, el cual fue casi como el Renacimiento italiano, excepto que las condiciones fueron radicalmente diferentes. Muchas fronteras tuvieron que ser redibujadas cuando Napoleón fracturó el continente europeo. Europa no se parecía en nada a antes del comienzo de las guerras, y ahora se dividió en pequeñas confederaciones y países que gritaban por la libertad y la independencia, lo que puede atribuirse a los efectos posteriores de la Revolución francesa. Pero al mismo tiempo, se forjaron alianzas entre muchos países europeos y se olvidaron las viejas enemistades, lo que condujo a rápidos cambios tecnológicos y económicos. Las guerras napoleónicas obligaron a los países a encontrar nuevas formas de producir armas y otros activos de la manera más eficiente posible, lo que llevó a la Revolución Industrial, el verdadero punto de inflexión de la sociedad moderna. La mayoría de las confederaciones del Rin creadas por Napoleón bajo su gobierno, volvieron a sus formas originales mientras que otras fueron consumidas por los países de la Coalición como Prusia. Esto permitió a Prusia convertirse en la nueva superpotencia europea, ya que había obtenido muchos nuevos territorios en el sector del Rin. Pero la mayor consecuencia, fue el nacionalismo que surgió, que derrocó a las monarquías y cambió la forma de vida en toda Europa durante la Primera Guerra Mundial. De hecho, es el nacionalismo lo que desencadenó la Primera Guerra Mundial y eliminó la monarquía para siempre, no solo en la mayor parte de Europa, sino también en muchos países del mundo. Por ejemplo, aunque Napoleón nunca atacó América Latina, las guerras napoleónicas afectaron indirectamente a muchos países latinoamericanos. Esto sucedió principalmente gracias a España y al intercambio de ideas entre intelectuales y revolucionarios de España y sus colonias latinoamericanas.

Con suerte, el lector ahora tiene una mejor comprensión del conflicto de Napoleón con los británicos, la Revolución francesa y las circunstancias generales que llevaron a la continuación de las guerras napoleónicas. La historia ha visto el ascenso y la caída de muchos oportunistas y belicistas, y Napoleón se puede contar entre ellos. Si bien sus logros militares fueron fabulosos y su contribución a las tácticas y estrategias en la guerra ayudó a dar forma a las tácticas y estrategias modernas de guerra, también tuvo sus desventajas. La razón principal por la que es tan venerado, incluso después de que históricamente se haya demostrado que fue un dictador cruel y un asesino en masa, es que los fundamentos de la sociedad moderna se basan en los principios del sistema social que él estableció, la idea de igualdad, libertad y fraternidad, así como convertirse en la mente militar más brillante de su tiempo. La verdad es que Napoleón usó esta doctrina como arma, al igual que los líderes religiosos que todavía usan la religión para justificar guerras. Las travesuras de Napoleón también llevaron al debilitamiento de Francia, que nunca volvió a su gloria anterior como una superpotencia europea debido a la restricción de las alianzas comerciales y políticas y la desconfianza de la mayoría de sus vecinos durante mucho tiempo después de su muerte.

Como quiera que uno lo vea, no se puede negar el hecho de que las acciones anárquicas y de caos de Napoleón cambiaron a Europa y al mundo moderno a lo que es hoy. Si decide recordarlo como un héroe militar y un genio táctico o un tirano déspota que usó lo que tenía a su disposición para justificar un ciclo interminable de guerra para satisfacer su ansia de poder, depende de usted.

Referencias

[1] John Lloyd, John Mitchinson y el equipo QI (22 de octubre de 2010). "Muy Interesante: El Gabinete QI de la curiosidad". *Daily Telegraph.* Archivado del original el 24 de febrero de 2018. Obtenido el 6 mayo de 2018.

[2] https://en.wikipedia.org/wiki/Battle_of_Borodino

[3] La Batalla de Waterloo: Contiene las cuentas publicadas por la autoridad, británica y extranjera, y otros documentos relevantes, con detalles circunstanciales, anteriores y posteriores a la batalla, de una variedad de fuentes auténticas y originales (2 ed.), Londres: impreso para J Booth y T. Ergeton; Biblioteca militar, Whitehall.

[4] Napoleón - El ascenso al poder y la historia de Napoleón Bonaparte. (2019). Recuperado el 19 de julio de 2019, de https://www.thegreatcoursesdaily.com/the-rise-of-napoleon/

[5] Woods, A. (2019). El ascenso y la caída de Napoleón Bonaparte. Recuperado el 19 de julio de 2019, de http://www.marxist.com/rise-fall-napoleon-bonaparte1.htm

Check out another book by Captivating History

www.ingramcontent.com/pod-product-compliance
Lightning Source LLC
LaVergne TN
LVHW041646060526
838200LV00040B/1739